刘青松 著

春秋战国心灵史

南京大学出版社

山民史

春炉姑园

目录

小引

少时读《庄子》，读到"尾生与女子期于梁下，女子不来，水至不去，抱梁柱而死"，心底风生水起。

后来读《左传》，读到晏子和叔向私聊，感慨"此季世也"，因为"民闻公命，如逃寇仇"，"政在家门，民无所依"；再读到"大史书曰：'崔杼弑其君。'崔子杀之。其弟嗣书而死者二人。其弟又书，乃舍之。南史氏闻大史尽死，执简以往。闻既书矣，乃还"，不禁暗叹：那是一个怎样的时代！

那是一个怎样的时代？刺客不忍奉命杀贤臣，选择自尽；大臣不给打败仗而归的国君开城门；国君不愿乘人之危进攻正在渡河的敌军，结果一败涂地；士人不给权贵还礼，"言不用，行不合，则纳履而去耳"；盗亦有道，"分均，仁也"。

那个时代的人，有一股元气，耿介率直，个性张扬；那个时代的人，有一种精神，独立自持，舍生取义。

那是人该有的样子。

那是一个有种、有趣的中国，一个酷中国。

酷，因为自由。

春秋战国是中华民族的青春期。在当时的分封制下，卿大夫各有封地，臣属的人身依附程度还不高。诸侯争霸，求贤若渴，士人进可选择愿意事从的权贵，退可隐居、授道。虽"礼崩乐坏"，贵族传统还在，道义仍为公理，人不分贵贱，皆有话语权，是以百家争鸣，思想繁荣。

秦以降，皇权专制之下，分封体系瓦解，人身依附渐增，臣子在皇帝面前，身段越来越低。"汉制，皇帝为丞相起，晋、六朝及唐，君臣皆坐。惟宋乃立，元乃跪，后世从之。"儒学被异化为统治术，士人禁锢于道统，"学成文武艺，货与帝王家"，遍地犬儒，人格分裂。"崖山之后"，专制登峰造极，士人尽皆趴伏，有何精神可言？

那个最酷的中国，被我们丢掉了。

"士志于道"，"行有不得者，皆反求诸己"，"知足不辱，知止不殆"。先贤之言，几曾重温？汗颜之余，自当思远。

回望一个远去的精神世界，便有了这些读史札记。虽鄙陋，却关乎我们自身的境遇。

归根结底，我们活在祖先的血脉里，也活在未来的面目间。

沿不绝如缕的一脉风骨，回返春秋战国，遇见最初的自己，遇见即将来到的日子。

01

一

诸子

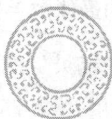

人性善恶辩

1993 年国际大专辩论赛决赛，辩的是一个争了千年都没争明白的题目：人性本善还是人性本恶？结果，主张人性本恶的反方胜出。

辩论中，这次比赛的最佳辩手蒋昌建说了句："如果人生来就是善的话，那个'宝贝'纸尿布怎么那么畅销啊？"全场爆笑。

这种俏皮话其实是偷换概念，正方却没有逮住这一点，避而不答，来了个学究气的反问："如果人性本恶，到底是谁第一个去教导人要行善的呢？"

胜负于此似已注定。

话说回来，人心险恶的现实面前，持性善论，不管怎么自圆其说，似乎都多少有点学究气。性善论的祖师爷孟子就被司马迁称为"所如者不合""迂远而阔于事情"，意思是孟子的学说与当时的社会现实相差太远，过于理想化了。

让我们来看看孟子是怎么说的："恻隐之心，人皆有之；羞恶之心，人皆有之；恭敬之心，人皆有之；是非之心，人皆有之。恻隐之心，仁也；羞恶之心，义也；恭敬之心，礼也；是非之心，智也。仁义礼智，非由外铄我也，我固有之也，弗思耳矣。"（《孟子·告子章句上》）道理是不错，却高大上得让人不敢去够。

孟子力推三年守丧制。父母死了，儿子必须辞职回家，除了要得三年抑郁症，还有很多讲究：守丧期间不能洗澡，越憔悴越好；尽量不说话，哭就哭得地动山摇上不来气；守丧头三天粒米不进，三天后喝粥，三月后可吃粗食，一年后可吃菜果，不能喝酒吃肉；穿粗麻布丧服，独居草棚之内，以草为席，以木为枕，夫妻不能同房。不过，这套理论基本上只有儒士严格遵守，比如为孔子守丧三年的子贡。滕定公死了，孟子劝其子滕文公守丧三年，差点被当成神经病。

孟子的"对方辩友"，持性恶论的荀子就说得更接地气："今人之性，生而有好利焉，顺是，故争生而辞让亡焉。生而有疾恶焉，顺是，故残贼生而忠信亡焉。生而有耳目之欲，有好声色焉，顺是，故淫乱生而礼义文理亡焉。然则从人之性，顺人之情，必出于争夺，合于犯分乱理而归于暴。"（《荀子·性恶》）

最要命的是，性善论者说来说去都是些大道理，而性恶论者会讲故事，争取到了更多听众。

比如荀子的弟子韩非，就是一个讲故事高手。让我们来看看《韩非子·内储说下》中的两个故事。

楚怀王有个宠妃叫郑袖，很有心机。魏襄王送给楚怀王一个魏国美女，怀王很喜欢她。郑袖也对她很亲热，老送她漂亮衣服和奇珍异宝，简直比怀王还要疼她。

怀王很感动，夸郑袖懂事，有忠心，有爱心。

魏女庆幸自己遇到了一个好姐姐。

一天，郑袖和魏女聊天，把对方的美貌夸了一通后，进入正题："大王非常宠爱你，但不太喜欢你的鼻子。你今后见到大王时，遮住鼻子，大王就会爱你爱得发狂了。"

魏女听信了郑袖的话，每次见到怀王，总以袖掩鼻。

怀王悄悄问郑袖，这是为什么。郑袖一开始说不知道，经怀王追问，才面带难色地回答："不久前我听这位魏国女子说嫌大王口臭。"

怀王气得哇哇大叫，命人割去了魏女的鼻子。

荀子用这个故事告诉我们，人心险恶。

另一个故事更狗血。

燕国人李季老出远门，妻子和人通奸。一天，李季突然回家，奸夫还没走，做妻子的慌了神。

女仆出了点子："让这位公子解开发结，光着身子，径直跑到门外，我们都假装没看见。"

奸夫听从，披头散发裸奔而出。

李季被吓了一跳："这人是谁？"

妻子和女仆都说："没有人啊。"

李季一脸惊诧："难道我活见鬼？"

妻子面不改色："是的。"

李季傻乎乎地问："怎么办呢？"

"拿畜生的屎来洗身。"

"好吧。"

李季被浇了一身狗屎。

人，一旦坏起来，猪狗不如。

萨特说，他人即地狱。

荀子说，人之生固小人。

"表面上看，似乎荀子低估了人，可实际上恰好相反。荀子的哲学可以说是教养的哲学。他的总论点是，凡是善的、有价值的东西都是人努力的产物。"这是冯友兰的解读。

对于善是教养出来的这一观点,亚当·斯密有类似的说法:人的本性是懒惰的,必须加以鞭策。因此,西方经济学有个"经济人"假设,认为人的一切行为都是为了最大限度满足自己的私利。

制度设计,正是建立在假定人性恶的基础上。托马斯·杰斐逊说:"信赖在任何场所都是专制之父;自由的政府不是以信赖而是以猜疑为基础建立的。我们用制约性的宪法约束掌权者,这不是出自信赖,而是来自猜疑。……因此,在权力问题上,不要再侈谈对人的信赖,而是要用宪法的锁链来约束他们不做坏事。我们的制度设计,就是为了这样一个目的。即使不幸碰到一个坏蛋做我们的领袖,我们一样会过得好。"

制度之外,应有道德,不然,这个世界就太冰冷、太无趣,人就活得太难了。正因如此,相比讲利己的《国富论》,亚当·斯密更看重自己的另一部著作——讲利他的《道德情操论》。

也正是由于道德的存在,才"人皆可以为尧舜"。在这一点上,性善论者和性恶论者殊途同归。

《孟子·离娄上》记载了孟子和他的反对者一次值得玩

味的辩论。

孟子到了齐国，当地学者淳于髡来拜访："请问先生，男女授受不亲，是礼吧？"

孟子回答："当然。"

淳于髡提出一个显然是事先设计好的问题："假如你的妻子掉河里了，兄弟我是救还是不救呢？"

孟子生气了："嫂子溺水不去救，简直是狼心狗肺！"也许是意识到自己的话有失体统，他缓和了语气："男女授受不亲，的确是礼。不过，救嫂子，是权宜之计啊。"

"那现在天下黎民生活在水深火热之中，你为什么不伸出友爱之手呢？"

"救天下黎民要授之以道。我妻子掉河里了，你可以拉一把；天下人都掉河里了，难道让我挨个去拉？"

辩论到此结束。这场辩论，一个刻意刁难，一个尴尬讲理，很难说谁胜了。只是，孟子的说辞，让人不禁想问：善受到的制约太多了，有些制约，甚至是出于善意。如果说人性本善，为何又以善制善？到底什么才是真正的善？

也许，善就是1993年国际大专辩论赛决赛上，蒋昌建在总结陈词时引用的顾城诗句："黑夜给了我黑色的眼睛，我却用它寻找光明。"

圣人的敌人

公元前 501 年，前鲁国季孙氏家臣阳虎投奔晋国赵氏家族首领赵鞅，孔子得知此事，跳起脚骂："赵氏其世有乱乎！"

孔子早就跟阳虎结下梁子了。

孔子年轻时是个美食家，最喜欢吃烤乳猪。他十七岁那年，季孙氏宴请士人，他屁颠屁颠跑去，准备好好蹭一顿。到了季孙氏府邸门前，阳虎却不让他进去："季氏飨士，非敢飨子也。"一个显出轻蔑之情的"敢"字，深深地伤害了少年孔子的心。

三十年后，阳虎犯上作乱，软禁季孙氏少主季桓子，成为季孙氏当家人，执掌国政。孔子对此愤愤不平，骂阳虎"陪臣执国命"，后来在《春秋》里直呼阳虎为"盗"。

阳虎却来找孔子了。彼时，传道授业的孔子声名日隆。阳虎执政，需要打打这张文化名人牌。

孔子避而不见阳虎。此等乱臣贼子，见什么见！

阳虎派人到孔子家，送上一只烤乳猪。

这人太坏了，这是逼孔子见面啊——依礼，收到别人的礼物后，应该登门拜谢。

孔子也不是吃素的，趁阳虎不在家的时候去，吃了个愉快的闭门羹。

回家的路上，孔子见阳虎迎面走来。这下躲不过去了。

阳虎大大咧咧地招呼孔子："来！我有话要跟你说。"

这态度，仍然是无礼的。孔子不说话。

阳虎说："有才能却深藏不露，不帮助迷途的国家，不是仁吧？"

孔子不说话。阳虎自答："当然不是。"

顿了顿，阳虎继续："希望出来当官做事却屡屡错过机会，不算智吧？当然不算。"

孔子不说话。于是，《论语·阳货》记载的这出对手戏，进入高潮：

"日月逝矣，岁不我与。"

孔子曰："诺，吾将仕矣。"

一开口，孔子就败了。阳虎拿准了孔子"将仕"。

仕，孔子大半生不就汲汲于此吗？

阳虎出逃后，曾与他一起作乱的公山不狃盘踞费邑，召请孔子。孔子想去，弟子子路很不高兴："没有可去的地方就算了，何必非去公山氏那里呢？"孔子说："召我去的人，难道会让我白去吗？如果有人用我，我就要在东方复兴周礼啊！"

孔子周游列国，所求者，岂不为仕？

周游列国，有陈蔡之困。此事阳虎也脱不了干系。孔子和阳虎这对冤家，偏偏长得很像。阳虎曾经未打招呼，擅自带兵过匡人之境去郑国，得罪了匡人。孔子周游列国至匡（即陈、蔡之间）时，匡人误认他为阳虎，把他扣留了五天。后来误会消除，孔子才得以脱身。

这件事，孔子及其徒子徒孙一直耿耿于怀，阳虎身上便又多了一笔恶账。司马迁在《史记》中骂阳虎为"贼"，司马光在《资治通鉴》中骂阳虎为"祸根"。"阳虎招尤误圣人"，到了清朝，仍有圣人拥趸写诗骂阳虎。

阳虎当然该骂。此人我行我素，口无遮拦，让孔子无端受辱。特别是他诱孔子出仕，两千多年后的"批林批孔"运动中，还有人拎出那段对话，大骂："孔老二本来想做官，却假装清高，是可忍，孰不可忍！"

不过，对孔子来说，阳虎这对手，并不是那么差劲。且不说那句颇有哲理的"日月逝矣，岁不我与"，阳虎的其他名言，如"为富不仁矣，为仁不富矣"，"主贤明则悉心以事之，不肖则饰奸而试之"，都显出此人的不凡见识。阳虎投奔赵鞅后，孔子气呼呼地说"赵氏其世有乱乎"，结果，赵氏不仅没乱，反而在阳虎的辅佐下日益强大。

可惜，阳虎走了一条极端的路——用《韩非子》中的话来总结，即"虎善窃人国政"。一个犯上的家臣，再有本事，也是乱臣贼子。而为臣之道，在于"多磕头，少说话"。电视剧《走向共和》里，慈禧把臣子比喻为朝廷养的"咬人的狗"，"咬谁不咬谁，让他咬几口，要听主人的使唤"。而那些乱臣贼子，"不听使唤就乱咬，还狂吠得四邻皆知，没了我的面子，也没了大清的面子，你们说，这种人还留得吗？"

极端者，要么是大众的领袖，要么是大众的敌人。那些替孔子咒骂阳虎的徒子徒孙，骂得比孔子本人还狠。

阳虎之外，孔子还有个思想上的对手——鲁国人少正卯。此人能言善辩，其法家思想与孔子那一套理论尖锐对立。孔子办学的同时，少正卯也办了一所私学，人气一度超过孔子。孔子的学堂"三盈三虚"，门下学生满了又空，都跑到少正卯那儿去了，只有颜回一个人留下来。

鲁定公十四年（前496），五十六岁的孔子"由大司寇行摄相事，有喜色"。上任仅七天，就派人把少正卯杀死在两观（宫门前两边的望楼）的东观之下，暴尸三日。

圣人也杀人。

子贡忍不住问孔子，为什么要杀少正卯？

孔子罗列了少正卯的五项罪名：心达而险（知识通达而心怀险恶），行僻而坚（行为邪僻而不知悔改），言伪而辩（言论虚伪而善于狡辩煽动），记丑而博（专门记诵一些丑恶的东西而且博杂），顺非而泽（赞赏错误的观点，加以文饰）。他称少正卯为"小人之桀雄，不可以不诛也"。

对此事的记载，首见于《荀子》，其后的《孔子家语》《史记》等也有提及。司马迁对少正卯的定性是"乱政者"。

不过，后世一些儒者质疑此事真伪，有人认为子虚乌有，是别有用心者对孔子的造谣中伤。还有人为孔子辩护，称他是在"承天诛恶"，杀得好。

当然，此事也顺理成章地成为"批林批孔"运动中，"孔老二"被罗列的罪恶之一。"诛卯"成了一道政治门槛，否认它的存在，就是反革命。

　　好在，虽然"诛卯"至今仍是一桩没有定论的学案，但我们暂且可以放下成为被诛的反革命的担心，人肉一番圣人的敌人。

　　话说回来，圣人行正道，诛恶人，哪有真正的敌人？不是"仁者无敌"吗？

　　或许圣人也有敌人，那就是凡夫俗子？

　　"圣人不仁，以百姓为刍狗。"在某种意义上，圣人也是极端者。

　　极端者，要么是大众的敌人，要么是大众的领袖，被神化，被异化，成为博物馆里的化石。

分赃公平就是仁

《庄子》里有个盗跖，"从卒九千人，横行天下，侵暴诸侯，穴室枢户，驱人牛马，取人妇女，贪得忘亲，不顾父母兄弟，不祭先祖"。这么个江湖大盗，居然是坐怀不乱的鲁国大夫柳下惠之弟。

盗跖蛮有意思的。有人问他："盗亦有道乎？"他一拍大腿："何止有道啊！你站在人家门口一看，就知道这家有没有钱，这就是圣明啊！动手的时候，你得带头往里冲，这就是勇啊！撤的时候，你得最后一个出来，这就是义啊！时机拿捏得准，这就是智啊！得手而归，分赃公平，这就是仁啊！不懂得这五点而能成为大盗，全天下没有一个。"（《庄子·外篇·胠箧》）

如此赤裸裸地嘲笑儒家，庄子干过多回。

鲁哀公见庄子，感叹："鲁国多儒士，很少有信仰先生道学的人。"

庄子冷笑："鲁国的儒士很少。"

哀公不服气："差不多全鲁国的男人都穿着儒士的服装，怎么能说儒士很少呢？"

庄子从容道来："我听说，儒士当中，戴圆帽的知晓天时，穿方鞋的熟悉地理，佩带五色丝绳系玉玦的，遇事能决断。不过，穿儒装的人，不一定真有学问和本事。您若不信，何不下令：没有儒士的学问和本事而穿着儒装的人，处以死罪。"

哀公真就如此下了令。

鲁国人都很谦虚，一个个赶快脱了儒装，只有一人穿着儒装立于朝门之外。哀公立即召他进宫，就国事征询意见，无论多么复杂的问题，他都对答如流。

庄子笑嘻嘻地对哀公说："原来鲁国只有一个儒士呀，怎么能说很多呢？"哀公只得哀叹一声。（《庄子·外篇·田子方》）

除了儒家，其他学派庄子也骂。死了老婆鼓盆而歌的他骂墨子，罪状之一就是墨子从来不唱歌，甚至"不入朝歌之邑"，城名中有个"歌"字就不肯入城，每天拉个老脸作苦大仇深状。

孟子骂人的功夫不亚于庄子。对于学术对手，孟子骂起来毫不客气：杨朱提倡"为我"，就是"无君"；墨家主张兼爱，就是"无父"，"无父无君，是禽兽也"。（《孟子·滕文公章句下》）对于诸侯，孟子也是逮着就开骂，最受伤的是魏惠王，被骂作吃人的野兽。朱元璋很讨厌孟子："这老东西如果生在我朝，看我不宰了他！"

孟子也有被骂得狗血淋头的时候。历史小说《大秦帝国》里有个故事：孟子到魏国去推销仁政学说，遇到在那里兜售纵横术的张仪，两人当着魏惠王的面就杠上了。孟子骂张仪是"妾妇"，说他当说客，不是谁给钱就跟谁上床的贱人是什么？张仪这种职业是靠卖嘴皮子的，骂起人来也一点不含糊，他骂孟子是"乞国老士子"，也就是到处乞讨的文化老流氓。孟子正要反击，张仪来了一句更恶毒的：你那套东西没人要，你就到处乱骂，跟娼妇有什么区别，而且还是卖都卖不出去的"娼妇处子"。

一旁观战的魏惠王哪壶不开提哪壶："娼妇处子"是什么意思？张仪说：鲁国有个妓女，长得很丑，身材也不好，没人来光顾她生意，免费献身都没人要，岁数一大，就成了老处女，心态失衡，每次看见有美女从门口过，就跳起脚乱骂，这就是"娼妇处子"。魏惠王哈哈大笑。孟子快哭了。

这个不见于正史的故事，将仁政学说狠狠戏谑了一把。

儒家讲仁，往往受制于人性的弱点。这种尴尬，在《吕氏春秋·长利》所载戎夷解衣的故事里显露无遗。

大冷天，齐国国士戎夷率一个弟子到鲁国去。他们在关城门后才到达，只能露宿城外。夜深，更冷了，戎夷对弟子说："你把衣服给我，我就能活命；我把衣服给你，你就能活命。我是国民景仰的士人，为了天下，舍不得死；你是不贤德的人，不值得爱惜生命。你把衣服给我吧。"弟子说："不贤德的人又怎么能做贤德人的事，把衣服给您这个国民景仰的士人呢？"看来，弟子得了老师厚脸皮的真传。戎夷长叹一声："唉，道义行不通啦！"他脱下自己的衣服给了弟子。寒夜里，戎夷冻死了，弟子活了下来。

反倒是被儒家污名化的法家，在冷酷的外表下，有一颗温柔的心。

韩非口吃，平时喜欢板起脸装深沉。其实他骨子里很好玩，喜欢在书中讲段子，讲得有趣又不失深刻，比如：卫国有一对夫妻，妻子贪财，许下心愿："求神明保佑，让我凭空得到一百束布吧。"丈夫抱怨："这也太少了吧？"妻

子回答："如果多一点，你就会去买妾了。"（《韩非子·内储说下六微》）

百家争鸣，是"人的发现"。其重要的价值，不是让君子坐怀不乱，而是让大盗也有机会告诉世人，"分赃分得公平就是仁"。

02

一

君道

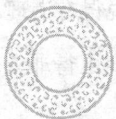

灵公不灵

老迈的楚成王想废掉太子商臣，改立王子职。接班人问题，是他新近的一块心病。当初，立商臣为太子时，令尹子上坚决反对，说商臣这个人，胡蜂眼，豺狼音，残忍。现在，成王才觉得子上说得有道理。46 年前，他弑其兄楚堵敖夺位。他怕狼角色商臣得罪人太多，也被人拿刀抹了脖子。

商臣听到风声后，问他老师潘崇，自己要被废的消息靠不靠谱。潘崇给他支招，要他设宴招待江芈而故意表现得没礼貌。江芈是他的姑姑，江国国君夫人，芈姓。商臣依计行事。江芈伤了自尊，口不择言："贱人，难怪君王要杀掉你而立职做太子！"

商臣告诉潘崇："事情拿准了。"

"你能事奉王子职吗?"

"不能。"

"能逃亡出国吗?"

"不能。"

"能办大事吗?"

"能。"

商臣率兵包围王宫,逼成王自杀。成王走投无路,提出一个特殊请求:当饱死鬼,吃了熊掌再死。商臣不答应,成王只好上了吊。

商量谥号,众人初定为"灵"。

"灵"为恶谥,"乱而不损曰灵"。

似乎是不想要这谥号,气绝的成王不肯去阎王那儿报到,一直没闭眼。

讲到这里,《左传·文公元年》不动声色地抖出一个"包袱":"曰成,乃瞑。"

"安民立政曰成",成王满意地升了天。

时为公元前626年。19年后,"灵"这谥号终于安到了年轻的晋国国君头上。

"晋灵公不君",《左传》里说,此人劣迹斑斑:横征暴敛,恨不得用黄金来建宫殿;仅仅因为厨师熊掌烧得不熟

（又一个好吃熊掌的），就杀死他，尸体残块放在畚箕里，让女人用头顶着走过朝廷；给他的恶狗穿上花衣裳，一抽风就放狗咬人；喜欢在高台上拿弹弓射行人，看着下面被射中的人痛得嗷嗷大叫，拍手大笑。

这半大屁孩，治大国，若玩弹弓。

同样是玩弹弓，宋太祖赵匡胤玩得更痴迷——拿弹弓打鸟。据司马光《涑水纪闻》记载，一天，赵匡胤正在后园玩弹弓，有个官求见，说了些鸡毛蒜皮。他毛了，这个官也火了：臣以为再小的事，也比打鸟玩重要。赵匡胤二话不说，操起斧子，用斧柄砸掉他两颗牙。这事虽干得不地道，却也多少有些玩家的执着。

而晋灵公最后把自己玩死了。公元前 607 年，他被赵穿杀掉了。

两年后，另一位灵公被杀掉——就是在国君位子上屁股还没坐热的郑灵公。

据《左传·宣公四年》记载，楚国人献来一只鼋，郑灵公笑纳了。当天，公子宋和公子归生进见。

进宫的路上，公子宋的食指忽然动了，他笑了，把抽动的食指举到公子归生眼前："每回它一动，就有美食吃。今天我们要大饱口福啦。"（成语"食指大动"就是这么来的）

进了宫，见厨师正准备切鼋，两人对视，哈哈大笑。郑灵公问他们为什么笑，公子归生透露了公子宋的特异功能。

郑灵公决定使个坏，他把大夫们招来一起吃鼋。当时吃饭是分餐制，下人把鼋肉分给众人，郑灵公示意下人最后给公子宋分，结果轮到公子宋时，鼋肉已经分完。

郑灵公一脸坏笑。公子宋一跺脚，跑到炖鼋的大鼎旁，食指在鼋汤里一抄，把指头放进嘴里吮了一口（"染指"这个词就是这么来的），拂袖而去。

郑灵公怒了，要杀公子宋。公子宋先下手为强，胁迫公子归生一起杀死了郑灵公。

死于一个恶作剧的郑灵公，长留恶名在人间，"不勤成名曰灵"。

又六年，又有一位灵公"不勤成名"。

陈灵公和大夫孔宁、仪行父同与司马夏徵舒之母夏姬通奸，君臣三人甚至在朝堂上拿出夏姬的内衣来嬉笑一番。大夫泄冶当着陈灵公的面说了几句难听的话，陈灵公就纵容孔宁、仪行父把他杀了。

一天，君臣三人一起到了夏姬家，陈灵公调侃两个臣子："徵舒长得很像你们啊。"那两个也不示弱："也很像国君您啊。"

听到此话，夏徵舒不想再装孙子了。陈灵公喝完酒，醉醺醺地出来，夏徵舒在马棚边设下的弓箭手射死了他。（《左传·宣公十年》）

这位灵公，裤腰带以上不灵。

三位灵公，昏君界的三朵奇葩，皆因不行君道而不得善终。

君道，首先是恪守君权边界，尊重贵族，与民为善。这还扯不上儒家说的"仁政"，而只是一种分封制下的政治契约。这样的契约，英国人用限制王权的《大宪章》加以固定，不过那是近两千年后的事了。

如果不守契约，政治就还原为赤裸裸的用拳头说话的游戏。灵公们，不作不死。

那年头，当国君是个高风险的活儿，搞得不好就掉脑袋。保护脑袋，要紧的是心中有灵——举头三尺有神明，谨言慎行，多攒人品。

楚成王的曾孙楚共王就懂得这一点。此君温和，宽容，虽有失误，大节无亏。

公元前 560 年，楚共王病重，给大夫们留下一段遗言："寡人没有德行，兵败鄢陵，让国家蒙受耻辱。由于大夫们的福气，我得以善终，请求谥为'灵'或'厉'。"

好家伙，主动要令他曾祖死不瞑目的"灵"。"厉"更恶，"杀戮无辜曰厉"，比如那个"国人莫敢言，道路以目"的周厉王。

楚共王的病床前，一片沉默。

共王连下五次命令，大夫们才勉强点头。

秋，楚共王卒。子囊谋谥。大夫曰："君有命矣。"子囊曰："君命以共，若之何毁之？赫赫楚国，而君临之，抚有蛮夷，奄征南海，以属诸夏，而知其过，可不谓共乎？请谥之'共'。"大夫从之。（《左传·襄公十三年》）

"共"，即为"恭"。

为政者的恭敬心，是人民之福。

人民不要灵公，人民希望政府不失灵。

人心灵着呢。

懂得天命的国君

公元前 614 年初，邾国准备迁都绎地，邾文公让史官占卜吉凶。

占卜之后，史官说："利于民而不利于君。"潜台词是，迁都将折文公的寿。

文公不以为意："如果对百姓有利，也就是对我有利。上天生育了百姓而为他们设置君主，就是用来给他们谋利益的。百姓得到利益，我也就必在其中了。"

左右劝文公："生命是可以延长的，君上为什么不这样做？"

文公说："国君的使命就在于让百姓得到好处。我个人寿命的长短，就听天由命吧。如果对百姓有利，迁都就是了，没有比这更吉利的了。"他下令迁都。

这年五月，文公去世。君子说："邾文公真正懂得天命。"（《左传·文公十三年》）

天命，是人不敢背叛的自我。

《易经》说："乾道变化，各正性命。"孔子的说法更直接："君子有三畏：畏天命，畏大人，畏圣人之言。""不知命，无以为君子也。"

天命观，是敬畏心，更是生存哲学。

陶渊明在《归去来兮辞》中大呼："聊乘化以归尽，乐夫天命复奚疑？"而欧阳修挑明了天命观背后的"内在超越"之道："虽曰天命，岂非人事哉？"

"尽人事"，方能"听天命"。对"受命于天"的一国之君来说，认识到这一点，并不容易。

公元前489年，在楚国，云彩好像一群红色的鸟，在太阳两边飞翔了三天。

天有异象，人心惶惶。

楚昭王派人就此事询问成周的太史。太史说："恐怕要报应在君王身上吧！如果禳祭，报应可以转移到令尹、司马身上。"

昭王摇头道："把腹心的疾病去掉，而放在大腿胳臂上，有什么用？我没有重大的过错，上天能让我夭折吗？

如果因为有罪而受到惩罚，又能转移到哪里去呢?"他不去襘祭。

这一年，吴国攻打陈国，一直对曾败在吴人手下耿耿于怀的昭王驻在城父，准备率军救援盟国。他派人占卜交战，结果不吉利;占卜退兵，也不吉利。昭王叹口气:"那么只有死了。如果再次让楚军失败，不如死。抛弃盟约，逃避仇敌，也不如死。既然躲不过一死，还是死在仇敌手里吧!"

昭王命令令尹子西继承王位，子西不同意;再命令司马子期，子期也不同意;又命令兄长子闾，子闾辞谢五次，同意了。

将要作战，昭王得了病。占卜的人说是黄河之神在作怪。大夫们请求昭王在郊外祭祀。

昭王说:"三代时的祭祀制度规定，祭祀不超越本国的山川。长江、汉水、睢水、漳水，才是楚国的大川。祸福降临楚国，不会超越这些地方。即便我没有德行，也不会得罪黄河之神。"他不去祭祀。

昭王率军进攻，病情加重，退回城父，死在那里。

子闾说:"君王选继承人，舍弃了他的儿子，臣下们怎敢忘记这一点?服从君王的命令，是顺乎情理的;立君王的儿子，也是顺乎情理的。"子闾和子西、子期商量后，立昭王的儿子章为国君。

"楚昭王知大道矣。"孔子评价说，"其不失国也，宜哉！"（《左传·哀公六年》）

孔子赞美的，是一国之君"命在养民"的担当精神。

这种精神，体现于那些虽有表演性却也不失真诚的"罪己诏"，体现于崇祯自缢前在袍服上的血书："任贼分裂朕尸，勿伤百姓一人。"

在这种精神鞭策下，光绪做出了天朝崩溃前的最后一搏。

1897年冬，德国强占胶州湾，光绪忧心如焚，对奕劻说："太后若仍不给我事权，我愿退让此位，不甘作亡国之君。"

于是，有了1898年的戊戌变法。光绪在作为变法宣言的《明定国是诏》中犀利发问："试问今日时局如此，国势如此，若仍以不练之兵，有限之饷，士无实学，工无良师，强弱相形，贫富悬绝，岂真能制梃以挞坚甲利兵乎？"

变法期间，光绪连续颁布几十道新政诏令，罢免守旧官僚，起用新人。当大学士孙家鼐提出"若开议院，民有权而君无权"时，光绪回答道："吾欲救中国耳，若能救国，则虽无权何碍。"

新旧力量短兵相接、刺刀见红之际，光绪顶住各方压力，再下国是诏，表明自己变法到底的决心："国家振兴庶政，兼采西法，诚以为民立政，中西所同，而西法可补我所未及。……今将变法之意，布告天下，使百姓咸喻朕心，共知其君之可恃。上下同心，以成新政，以强中国，朕不胜厚望焉。"

只可惜，维新昙花一现。怎奈何，改革处处受制。

既如此，天朝的崩溃，是为天命。

一个好色的贤君

"子言卫灵公之无道也"，《论语·宪问》里这一句，让卫灵公背上了恶名。从谥号"灵"来看，此君确实不是个好鸟。而《史记·孔子世家》里的一段记述，更让卫灵公的昏君形象深入人心。

孔子五十六岁那年开始周游列国，去推销他那一套仁政主张。到了卫国，他寄住在大夫蘧伯玉家。

在卫灵公夫人南子的支使下，有人来对孔子说："各国的君子，凡是看得起我们国君，愿意与我们国君建立兄弟之情的，必定会来见见我们南子夫人，我们南子夫人也愿意见见您。"

南子是一个有淫妇恶名的绝色美人。被她单独召见，孔子不得不考虑影响。他推辞谢绝一番，最后还是去见了。

两人的见面，据司马迁的描绘，有点香艳气："夫人在絺帷中。孔子入门，北面稽首。夫人自帷中再拜，环珮玉声璆然。"

回来后，孔子对弟子们说："我本来不愿见她，现在既然不得已见了，就得还她以礼。"听了这话，耿直的子路不悦，认为这是夫子道德上的瑕疵。孔子急了，发毒誓说："我如果做错了，上天一定厌弃我！上天一定厌弃我！"老先生还是蛮可爱的。

后来，卫灵公与南子同乘一辆车，宦官雍渠陪侍车右，出宫后，让孔子坐另一辆车跟在后面，招摇过市。

孔子终于怒了，脱口而出那句著名的损人话："吾未见好德如好色者也。"

卫灵公确实好色。他有个男宠，名弥子瑕，按孔子的说法，此人"其智足以治千乘，其信足以守之，灵公爱而任之"。

一天深夜，弥子瑕得到母亲重病的消息，一着急，假传君令让车夫驾着灵公的马车送他回家。按当时的法律，私用国君马车是要砍掉双腿的。灵公知道此事后，非但不责罚弥子瑕，反而感动得要哭："多么孝顺的人啊，为了母亲甘冒受断足之刑的危险！"

一次，弥子瑕陪灵公游果园。正值蜜桃成熟时，弥子瑕摘下一只熟透的蜜桃，自顾自吃起来。吃到一半，想起身边的灵公，把吃剩的桃递给他。灵公毫不在意弥子瑕的口水还沾在桃上，几口吃完，自作多情地说："你忍着馋劲把可口的蜜桃让给我吃，真是爱我啊！"

等到弥子瑕年老色衰，灵公失去了对他的热情，历数他的不是："这家伙真是混蛋，曾假传君令，擅自动用寡人的车子；还目无君威，把吃剩下的桃子给寡人吃！"（《韩非子·说难》）

灵公还有个男宠——宋国公子宋朝，卫国大夫，著名美男子。此人是双性恋，陪侍灵公的同时，又与南子有染。灵公甘戴绿帽子，非但不加阻止，反而纵容，召宋朝与南子在洮地相会。

当时，灵公的太子蒯聩把盂地献给齐国，路过宋国国都郊外，当地人用三俗歌曲欢迎他："既定尔娄猪，盍归吾艾豭？"（《左传·定公十四年》）意思是，你们那只求子的母猪（南子）既然已经得到了满足，为什么还不归还我们那漂亮的公猪（宋朝）？众所周知，宋国人道德感很强，宁要狼一样的对手，不要猪一样的队友，这次为一头漂亮的公猪破了例。

蒯聩深以为耻，与家臣戏阳速密谋："你跟着我去朝见夫人，我一回头看你，你就动手杀死她。"戏阳速同意了。两人去朝见南子。蒯聩回头看戏阳速，没想到，对方临阵退缩，不下手。蒯聩急了，频频向戏阳速递眼色，被南子察觉，知道不妙，号哭着逃走，跑到灵公那儿："太子想要杀我！"灵公大怒，拉着南子的手登上高台。蒯聩逃亡宋国，灵公赶走了他的党羽。

在老婆面前，灵公的耳根子软。南子干预朝政，卫卿公叔戌对此不满。南子对灵公说，公孙戌要发动叛乱，灵公就驱逐了公叔戌及其党羽。

这号人，不正是自寻死路的大昏君吗？

且慢，我们再听听《论语》里孔子的说法。

孔子讲到卫灵公的无道时，鲁国的季康子问："既然如此，为什么他没有败亡呢？"

孔子说："因为他有仲叔圉接待宾客，祝鮀管理宗庙祭祀，王孙贾统率军队，像这样，怎么会败亡呢？"

仲叔圉就是孔文子。子贡问曰："孔文子何以谓之'文'也？"子曰："敏而好学，不耻下问，是以谓之'文'也。"

子曰："不有祝鮀之佞，而有宋朝之美，难乎免于今之世矣。"祝鮀口才之好，可与"宋朝之美"并列。

王孙贾问曰："'与其媚于奥，宁媚于灶'，何谓也？"子曰："不然。获罪于天，无所祷也。"王孙贾虚心向孔子请教为官自处之道，孔子告诫他不要献媚于任何人。这里没说王孙贾本人如何，但从孔子回答季康子的话推断，此人军事才华出众。

除了这三位，还有蘧伯玉。

蘧伯玉很低调。《列女传》记载了一个他的故事：一天夜里，灵公和南子在宫中闲坐，听到远处辚辚的车声，可等车子走近，快到宫门时，车声消失了，过了宫门，又响起来。南子说："这一定是蘧伯玉的车子经过。"灵公问："你怎么知道？"南子笑了："君子就算在黑暗处也不忘礼节啊。车到宫门时没了声音，那是车的主人让车夫下车，用手扶着车辕慢行，怕车声打扰国君。蘧伯玉是贤大夫，不是他是谁？"灵公派人打听，果然是蘧伯玉。

蘧伯玉贤良，灵公却不重视他；弥子瑕无德，灵公把他当个宝。据《孔子家语》记载，正直的大夫史鱼多次进谏，要求重用蘧伯玉，赶走弥子瑕，被灵公当耳旁风。史鱼临终前，给儿子留下遗言："我没能帮蘧伯玉上位，也没能拿下弥子瑕，这是我做臣子的失职。活不能正君，死无以成礼，所以，我死后，你将我的尸体陈放于窗下，不要出殡，我要来一场轰轰烈烈的尸谏。"儿子按照他的吩咐做了。灵公来吊唁，见到摆在窗下的史鱼尸体，惊问这是怎么回事，史鱼的儿子如实相告。灵公脸红了："这是我的过错啊。"他开始重用蘧伯玉，疏远弥子瑕，以上礼为史鱼出殡。

会用人，是一个国君的核心竞争力。因为深谙用人之道，流氓刘邦当了皇帝。登基后，他感慨："夫运筹策帷帐之中，决胜于千里之外，吾不如子房（张良）。镇国家，抚百姓，给馈饷，不绝粮道，吾不如萧何。连百万之军，战必胜，攻必取，吾不如韩信。此三者，皆人杰也，吾能用之，此吾所以取天下也。项羽有一范增而不能用，此其所以为我擒也。"（《史记·高祖本纪》）

虽然好色，怕老婆怕得变态，臭毛病一大堆，但有个会用人的优点，灵公还是卫国最大的软实力。

一次援齐，灵公率战车五百乘欲过晋地中牟，其时晋国有战车千乘在中牟，灵公担心挨揍，令人占卜。卜官业务不精，竟将占卜用的龟甲烧焦了。灵公把这看作自己要火的预兆："大军前进！我们的战车有中牟晋军的一半，我一个人就可以抵他们的另一半，加起来正好可与他们匹敌！"曾因叛乱被灵公修理、逃亡在中牟的原卫国大夫褚师圃主动认怂，对晋人说："卫国的兵力虽少，但卫君这家伙有神助，打不过他，还不如打齐国的军队。"晋人听从，没有修理灵公，转而攻打齐军，缴获战车五百乘。

灵公在位42年，没吃大败仗，没被人砍脑袋，死后也没发生政局动荡，他属意的公子郢推辞君位，拥立蒯聩之子辄为国君。12年后，蒯聩回卫继位，杀了南子。

对灵公，孔子骂归骂，点赞的时候也毫不手软。

据《孔子家语》记载，鲁哀公曾颇为自负地问孔子："当今这些国君，谁最贤？"

孔子没上他的道："最贤的我还没见过，相比之下，贤君应该是卫灵公吧。"

鲁哀公不服气："我听说卫君闺门之内无别，先生怎么说他是贤君呢？"

孔子答道："我说他贤，是指他在朝廷上的行事，不是指他在家里的行事。"

这让人想起齐宣王向孟子坦白的那句"寡人有疾，寡人好色"。虽然好色，齐宣王却不失闪光点，比如广招天下文人学士到齐国稷下学宫，赐给府宅，让他们自由议论，推动百家争鸣。

对有作为的公众人物来说，即使私德有亏，亦不碍其优秀。所以，孔子给了卫灵公公道的评价。

梁启超说，中国的古籍"百分之九十都是讲私德的"。在一个"娱乐至死"的社会，公众人物的私德事件，总会被尽情消费，迅速发展为一场大众的狂欢。

知"仪"不知"礼"的国君

"昭公年十九，犹有童心。"在《史记·鲁周公世家》中，刚一出场的鲁昭公是这个样子的。

昭公名裯，非嫡出，是襄公夫人媵嫁的妹妹齐归之子，补了早死的太子的缺。提出立德、立功、立言"三不朽"的那位鲁国大夫叔孙豹不想立他，对执政的季武子说："太子死，有同母之弟，可立为君，如无同母弟，才立庶子中的长子。年龄相同的就要看谁更有才能；才能相当，则占卜决定。裯不是嫡子，而且居丧时并不悲伤，反倒有喜色，如果真立了他，必为季氏之忧。"

季武子不听，立裯为君。

等到襄公下葬时，昭公已因顽皮穿坏了三件丧服。这是一个情商很低的人。

有人断言："这人不得善终。"

昭公三年（前539），昭公出访晋国，已到了黄河边，晋平公婉言谢绝其入境，让他返回。鲁国人都替他害臊。

一年后，楚灵王要诸侯到申地盟会，昭公称病不去。

两年后，昭公又去晋国朝拜晋平公，这次终于见成了。

郊劳（晋方在郊外举行的欢迎仪式）、馈赠等所有外交仪式，昭公都做得非常到位，晋平公不禁对他刮目相看。平公跟晋国大夫女叔齐私聊：鲁国国君不是很知礼吗？女叔齐说，鲁君所擅长的，"是仪也，不可谓礼"。礼，是用来守卫国家、执行政令、维系与百姓关系的。现在，鲁君的大权被卿大夫孟孙氏、叔孙氏和季孙氏"三桓"架空，老百姓都不怎么关注国君的处境了。祸难将至，此君不赶紧想办法解决，却还在琐琐碎碎地学习"仪"，这哪里算得上是知"礼"呢？（《左传·昭公五年》）

知"仪"，不一定知"礼"，这层意思，孔子也表达过："礼云礼云，玉帛云乎哉？乐云乐云，钟鼓云乎哉？"（《论语·阳货》）意思是，礼难道只是指用来赠送的玉和帛吗？音乐难道只是指会撞钟敲鼓吗？礼之要义为"敬"，要心存敬畏；乐之要义为"和"，求和谐优美。礼乐，就是安定世道人心。

小事明白、大事糊涂的昭公，当然不懂得这些。

昭公八年（前534），楚灵王建成章华台，召见昭公。昭公前往祝贺。灵王喝高了之后一冲动，将一把宝弓送给了昭公。第二天早上，灵王酒醒，后悔了，大夫薳启疆说，还可以挽回。他跑去对昭公说，此弓名闻天下，齐晋越三国求取，都没有给他们，现在您得到了，一定要防备这三国派军队来抢啊。昭公吓坏了，赶紧奉还。

昭公十二年（前530），昭公访晋国，至黄河，晋平公又辞谢。昭公返回。

昭公十五年（前527），昭公厚起脸皮又访晋国，这次得以入境，晋人留下他，让他给晋昭公送葬。鲁国人都引以为耻。

昭公二十一年（前521），昭公访晋国，至黄河，晋方再辞谢。

昭公三次踏进同一条河流。

可怜的昭公，外交上丢尽脸面也就罢了，内政上也是一副窝囊样，长期被"三桓"骑在头上拉屎。

昭公二十五年（前517），昭公终于等到了一个报复"三桓"的机会。

当时，执政的季平子有一个爱好——斗鸡。他和贵族郈昭伯斗得不亦乐乎。

两边都使盘外招：季氏给鸡装上护甲，郈氏给鸡爪套上金属套。

斗鸡演变成斗人。

郈昭伯跑到昭公面前告状。家臣被季氏囚禁的贵族臧昭伯也来说季平子的坏话。

昭公一下子来了劲儿。有郈氏、臧氏撑腰，他决定对季平子下手。

昭公率军杀至季平子府邸，将其团团围住。季平子登上府中高台，跟昭公对话。

季平子请迁，昭公不许；请囚，不许；请逃，不许。

昭公终于扬眉吐气了一回。这是他一生中仅有的高光时刻，只可惜，转瞬即逝。

大夫子家驹劝昭公："您答应了吧。季氏执政时间已久，党徒极多，他们将合谋对付您。"昭公不听。

郈昭伯给昭公打气："一定要杀死季平子。"

叔孙氏的亲兵赶来救援季平子，将昭公的军队杀退。郈昭伯作为昭公的使者去统战孟孙氏，被孟懿子杀掉。

"三桓"共同讨伐昭公，昭公惶惶如丧家之犬，逃到齐国。

齐景公有点不客气地问昭公："您为什么到了这种地步？"

昭公有所反省："我年轻时，有很多关爱我的人，我却不能亲近他们；有很多劝谏我的人，我却没有采纳他们的意见。因此，能辅佐我的没有一个，阿谀奉承我的却很多。这就像蓬草，虽然看上去枝叶繁茂，秋天一到，根却要被拔掉。"

景公认为他说得很好，就把这话告诉了上大夫晏子，并感慨道："假如让这个人返回他的国家，他难道不会成为一个圣明的国君吗？"

晏子摇头："不会。愚蠢的人总爱悔恨，不贤德的人总认为自己贤德。落水以后才询问蹚水的路线，迷失方向以后才打听道路，外敌入侵时才去铸造兵器，吃饭噎着时才去挖井，再着急也来不及了。"

景公向昭公提出给他两万五千户人家及其土地，昭公准备接受。鲁卿子家对昭公说："怎么能放弃周公之业（鲁国首封国君为周武王之弟周公旦）而做齐国臣子？"昭公作罢。子家说："齐君不讲信用，不如去晋国。"昭公不从。

此君点背得邪乎：宋元公为他到晋国求援，死于途中；叔孙豹之子叔孙昭子支持他回国，无疾而终。

昭公二十六年（前 516）春，齐伐鲁，占领郓邑，让昭公住在那儿。夏天，齐景公准备派军队护送昭公回国，命手下不得接受鲁国的礼物。鲁大夫申丰、汝贾许诺给齐大夫高龁、子将粟谷八万斗。子将向景公进言："鲁国群臣都不服从鲁君啊。再说，宋元公和叔孙昭子的下场您也看到了，也许鲁君已经被上天抛弃了吧。请您再等等看。"景公听从了。

昭公二十八年（前 514），昭公眼看指望齐国人没戏，去了晋国，请求晋顷公支持他回国。顷公准备答应，季平子赶紧贿赂晋国的六卿。在六卿的谏止下，顷公也就算了，让昭公居住在晋地乾侯。

次年，昭公在乾侯也待不下去，回了郓邑。齐景公派人给他送信，信中称昭公为"主君"。当时大夫称"主"，景公这是把昭公比作大夫。昭公脆弱的心灵再次受伤，一怒之下又去了乾侯。

昭公三十一年（前 511），刚继位的晋定公准备支持昭公回鲁，召见季平子。季平子布衣赤脚而来，向六卿谢罪。六卿在定公面前替季平子说话，说鲁国人不愿意迎回昭公。定公也就算了。昭公失去了最后一次回国的机会。

昭公三十二年（前 510），五十一岁的昭公遍赏宝物给大夫们之后，死在异乡，结束了作为倒霉蛋国君的屈辱一生。

《春秋》记载，"公薨于乾侯"，这是说他死的不是地方。

与其说昭公死于贵族政治，不如说他死于形式主义——在贵族势力过大的严峻现实面前，重仪式，好面子，自不量力。

对昭公来说，现实的做法是在各路政治势力之间把握平衡，有机会就借力打力，没机会则寻求妥协。政治是平衡和妥协的艺术，政治智慧产生于激情和面子之外。

"仪"为形式，"礼"为根本。知"仪"不知"礼"，岂能服众？

晋卿赵鞅问史官史墨："季氏赶走他的国君，但百姓顺服他，诸侯亲附他，就算国君死在外边也没有人去惩罚他，这是为什么？"

史墨回答："天有三辰，地有五行，身体有左右，人各有配偶，王有公，诸侯有卿，都是有辅助的。上天让季氏辅佐鲁君已经很久了，百姓顺服他，不是很正常的吗？鲁君世世代代安逸放纵，季氏世世代代勤勤恳恳，百姓已经忘记他们的国君了，国君即使死在国外，有谁去怜惜他？

社稷没有固定不变的祭祀人，君臣也没有固定不变的地位，自古以来就是这样。对国君来说，百姓不把你当回事，你凭什么在位？所以，做国君的，要谨慎对待名和利啊。"

（《左传·昭公三十二年》）

"民不知君，何以得国？"史墨之问，振聋发聩。

两千多年后，史墨之问有了延展："国不知有民，民亦不知有国。"

善政，是为大"礼"。

我把礼节献给你

"今天，妈妈死了。也许是昨天，我搞不清。"这是加缪小说《局外人》惊世骇俗的开篇。

小说主人公自始至终没有为妈妈的死掉过一滴泪。

卫定公死了，他的儿子卫献公也没掉一滴泪。不过，卫献公可不是个冷眼旁观世相的局外人，他只是有些没心没肺。

卫献公是庶出，定公死前，让大夫孔成子、宁惠子立其为太子。定公死了，夫人姜氏哭丧后休息，看到太子没事人儿似的，也不装哭。姜氏叹气："这个人啊，将来不仅会使卫国招致败亡，而且会从我这个未亡人身上开始动手。唉，这是上天降祸给卫国啊。"

大夫们听到这话，一个个心惊胆跳。孙文子从此不敢把他的宝器藏在卫都的家里，全都藏在自己的食邑，同时尽量多结交晋国的大夫，为自己留条后路。

献公即位后，低调攒人品，数次与诸侯会盟，参与联合讨伐，倒没干出什么让姜氏担心的事。

不过，立足一稳，献公就现了原形。

献公有个小妾是音乐爱好者，献公请乐师师曹教她弹琴。师曹是个非常严厉的老师，小妾成天卖弄风情不好好学琴，他就用鞭子打她。小妾怀恨在心，就给献公吹枕边风，说师曹的坏话。献公怒了："寡人的女人，要打也是寡人打，轮不到他！"他以其人之道还治其人之身，派人打了师曹三百鞭。

五年后的一天，献公请孙文子、宁惠子吃饭。两位大夫身着朝服入宫，却不见献公人影。左等右等，太阳快落山了，献公还不露面。最后才知道他在园林里射大雁，忘了请人吃饭这事。

两位大夫苦笑着去了园林。献公见到他们，居然不脱皮冠就跟他们说起话来。

这是严重的失礼——皮冠是打仗或狩猎时穿戴的，君臣相见，即便在战场或猎场上，摘下皮冠也是起码的礼节。身穿猎装的楚灵王接见大臣，不仅摘下皮冠，而且脱去披肩，扔掉马鞭。

身着猎装请人吃饭，无异于把对方当作野兽，是公然的羞辱。

孙文子、宁惠子怒不可遏，饭也不吃，就跑到孙文子的食邑去了。

孙文子的儿子孙蒯常伺候献公喝酒。一次他正陪献公喝酒，献公让师曹演唱助兴，师曹就唱起了《诗经·小雅·巧言》的最后一章："彼何人斯？居河之麋。无拳无勇，职为乱阶。既微且尰，尔勇伊何？为犹将多，尔居徒几何？"这一章翻译成白话是：究竟那是何等人，住在河岸水草边。没有武力与勇气，只为祸乱造机缘。腿上生疮脚浮肿，你的勇气哪里见？诡计总有那么多，你的同伙剩几员？

不忘三百鞭之恨的师曹，用这激愤的诗句，通过孙蒯向孙文子传递信息：还忍什么，该出手时就出手。

孙文子去跟以忠恕闻名的大夫蘧伯玉商量，蘧伯玉意味深长地说："我什么也不知道。"

于是，孙文子驱逐了献公。献公逃亡到齐国。孙文子、宁惠子共立定公弟秋为国君，是为卫殇公。

献公的肠子都悔青了。国君很失礼，臣子很生气，后果很严重。

听说此事后，晋悼公问乐师师旷："卫国人赶走他们的国君，不也太过分了吗？"师旷直言："恐怕是他们的国君太过分了。国君是祭祀的主持人，也是百姓的希望所在，如果他让百姓受穷、绝望，要他干嘛？爱民如子的老天爷为百姓立君，难道是让他骑在百姓头上作威作福？赶走他，不是很正常吗？"（《左传·襄公十四年》）

师旷揭示了献公被逐之事的实质：失礼只是导火索，失民心才要命。

失礼，源于权力的傲慢。大权在手，前呼后拥，很难不傲慢。所以孟子才苦心告诫掌权者："民为贵，社稷次之，君为轻"；欲得民心，"（民）所欲与之聚之，所恶勿施尔也"。

当然，孟子还是过于书生气，忽略了人性的丑陋和政治的幽暗。也许换一种说法听从的君主就多了：君为虎，臣民为群狼。

没心没肺的卫献公，是只病虎。

献公被逐之事有个狗血结局。孙文子与宁惠子的儿子宁喜因争宠而互相攻讦，殇公也混账，让宁喜攻打孙文子。孙文子出奔晋国，出于寻找靠山的现实考虑，放下宿怨，请求晋平公派军队护送在齐国的卫献公回卫国。齐景公也为卫献公撑腰。在晋国的帮助下，逃亡 12 年的献公返回卫国复位。

复位的献公知礼了，没再干什么荒唐事。也许，逃亡期间，他狠狠抽了自己三万鞭。

复位三年后，吴国素有贤名的季札出使路过卫国，留下一句话："卫多君子，其国无故。"（《史记·卫康叔世家》）同年，献公寿终正寝。

"聪明睿哲曰献。知质有圣曰献。"谥为"献"，是剧情的反转。剧名是《我把礼节献给你》。

这才是真正的成功学

在这个成功学当道的国度，很多人生导师都喜欢讲楚庄王"三年不鸣，一鸣惊人"的故事：

> 庄王即位三年，不出号令，日夜为乐，令国中曰："有敢谏者死无赦！"伍举入谏。庄王左抱郑姬，右抱越女，坐钟鼓之间。伍举曰："原有进隐。"曰："有鸟在于阜，三年不蜚不鸣，是何鸟也?"庄王曰："三年不蜚，蜚将冲天；三年不鸣，鸣将惊人。举退矣，吾知之矣。"居数月，淫益甚。大夫苏从乃入谏。王曰："若不闻令乎?"对曰："杀身以明君，臣之原也。"于是乃罢淫乐，听政，所诛者数百人，所进者数百人，任伍举、苏从以政，国人大说。是岁灭庸。六年，伐

宋，获五百乘。（《史记·楚世家》）

一锅浪子回头的心灵鸡汤，热气腾腾，模糊了庄王的面目。

其实，这是一个不好战的隐忍之人。

庄王即位之初，楚国国内政局动荡，公子燮、斗克作乱，一度挟持庄王。

新君初立，羽翼未丰，内外强敌环伺，怎么办？

庄王的策略是——忍。

楚国的附庸国蔡国被晋军围攻，被迫签订城下之盟，忍。

各蛮族部落造反，郢都受威胁，忍。

忍，还必须装得不像是在忍。于是，只能没心没肺，花天酒地，一副昏君相。

三年不问政，迷惑了众人，使强敌放松了戒备。

又留下一个隐语："有敢谏者死无赦！"

其实，等的就是谏者，未来的左膀右臂。

伍举读懂了这隐语，同样以隐语和庄王接头。

苏从也读懂了，用以死相逼的方式，帮助庄王为三年荒唐画上了句号。

三年不鸣，一鸣惊人，一种隐忍的力量。

庄王的孙子楚康王即位之初，却不大懂得这种力量。

楚康王五年（前 555），一心要建功立业的康王等来一个大好机会：郑国大夫子孔愿意为楚军当带路党。他派密使抵楚，找到令尹子庚，邀请楚军攻郑，只为趁机除掉郑国各家大夫，独揽大权。

子庚鉴于诸侯向晋，楚国难于与晋争雄，未答应出兵。康王得知此事，派人告诉子庚："国人认为我主持国政而不出兵，我死后就不能用规定的礼仪安葬祭祀。我即位五年，军队一直不出动，大家也许已经把我当作一个只求享乐安逸，而忘了先君霸业的人了。您考虑一下吧。"（《左传·襄公十八年》）

此言不真。康王即位之初，就和吴国打了两仗。而来自老百姓的压力，只是康王为出兵找借口罢了。楚人虽有"不服周"之名，打仗可不是什么好玩的事，不至于人人都是战争狂。康王心太急。

子庚无奈，出兵。楚军深入郑境，遇大雨，很多人冻伤，败归。

现实无情地教训了康王。东有吴国侵扰，北有强晋挤压，这个原本好战的国君学会了"远交近结"，后来同意弭兵，晋楚并霸。

不战而霸，止戈为武，一种隐忍的力量。

公元前597年，晋楚邲之战，楚胜。楚国大夫潘党劝楚庄王把晋军的尸体堆积起来，封土而成一座高冢（称为"京观"），作为战争胜利的纪念物，留给子孙后代，让他们不忘记祖先的武功。

庄王说："你不懂。所谓武功，就是禁除残暴，消灭战争，保有天下，巩固功业，安定百姓，调和大众，丰富财物，让子孙不要忘记祖先的丰功伟业。现在我让两国士兵陈尸战场，这是强暴；显耀武力以使诸侯畏惧，战争必不能消灭；强暴而不消灭战争，哪里能够保持强大？晋国还在那儿呢，怎么能够巩固功业？违背百姓愿望的事情还很多，百姓怎么能够安定？没有德行而勉强和诸侯相争，用什么调和大众？乘人之危而为自己谋利，以别国的动乱求得自己的安定，并以此为荣，怎么能丰富财物？武功有七项美德，而我对晋国用兵，和哪一项美德都不沾边，用什么来昭示子孙后代？为楚国的先君修建宗庙，祭告这次胜利就行了。用武不是我的功业。古代圣君征伐对上不恭敬的国家，杀掉罪魁祸首并埋葬，作为一次大杀戮，这才有了京观，以惩戒罪恶。现在并不能明确指出晋国的罪恶在哪里，士卒都为执行国君的命令尽忠而死，又怎么能建造京观呢？"（《左传·宣公十二年》）

庄王此等境界，羞煞多少后世统治者。

"一将功成万骨枯"的道理谁都懂，现实却往往是"近来长共血争流"。悲哉！

> （庄王）二十年，围宋，以杀楚使也。围宋五月，城中食尽，易子而食，析骨而炊。宋华元出告以情。
>
> 庄王曰："君子哉！"遂罢兵去。（《史记·楚世家》）

君子哉！正如孟子所说，"有不忍人之心，斯有不忍人之政"。

这才是真正的成功学。

群口相声：看哪，这人

鲁昭公元年（前541）正月，"叔孙豹会晋赵武、楚公子围、齐国弱、宋向戌、卫齐恶、陈公子招、蔡公孙归生、郑罕虎、许人、曹人于虢"，重温五年前宋国弭兵盟会的友好。

这次盟会的中心人物是楚国的新令尹公子围。他是楚共王的次子，现任楚国国君楚郏敖的叔叔。此人是个野心家，他派人在郑楚边境修筑犨、栎、郏三城，郑国震骇。

结盟那天，公子围穿着国君的服饰粉墨登场，两个卫士执戈站在旁边。

各国代表像看模特走秀一样，一边瞪大了眼，一边品头论足。《左传·昭公元年》的现场描写生动传神：

参加过上次宋国盟会的鲁国大夫叔孙豹感叹："楚公子

打扮得真神气，真像个国君呢。"

郑国上卿子皮接话："你们看，两个执戈卫士站到前面来了。"卫士执戈前导，是国君专享的待遇。

来自小国蔡国的公孙归生（子家）也来凑趣："人都已经住进楚王离宫了，这样的排场有什么好奇怪的?"

楚国的副代表伯州犁面子有点挂不住，解释了一句："这些东西是令尹这次出来的时候，向我们国君借用的。"

"借了，就不会还了。"郑国副代表子羽心直口快。

伯州犁动了肝火，对子羽说出一句没风度的话："您还是去担心一下贵国的子皙是不是又想作乱吧。"此前两年，子皙参与了杀害郑卿伯有的政变。

子羽反唇相讥："公子弃疾（楚共王幼子，公子围之弟，后来的楚平王）还在那里呢，借了不还，您难道不忧虑吗?"

齐国的国弱（国景子）插进来："看来两位都不怎么紧张，我倒是替你们担心呢。"

陈国的公子招笑笑："没有忧虑，怎么能成事? 你们看，这两位说得可高兴啦。"

卫国的齐恶一副智者口吻："如果事先知道灾祸无法避免，虽然有忧虑，又有什么大不了的?"

作为弭兵运动的发起者，宋国大夫向戌以机智冷静著称。他一开口，尽显外交家风范："大国发令，小国听令，我只知道听命行事。"

圆场的是晋国大夫乐王鲋，他说了一句优雅的话："《小旻》之卒章善矣，吾从之。"《诗经·小雅·小旻》的最后一章深入人心："不敢暴虎，不敢冯河。人知其一，莫知其他。战战兢兢，如临深渊，如履薄冰。"乐王鲋的潜台词是：不但要避开空手打虎、徒步过河这样的危险和那些不讲理的恶人，还要与小人保持距离。险恶呀，我不跟了。

一段群口相声结束了，话题人物公子围始终没有加入。他不在意别人怎么看，怎么说。他是来走秀的，不是来捧哏的。

退出会场，子羽和子皮私聊。子羽说："叔孙豹言辞恰切而委婉，向戌语言简明而合于礼仪，乐王鲋自爱而恭敬，您和子家说话得当，都是可以保持几代爵禄的大夫。不过，齐国、卫国、陈国的大夫也许不能免于祸难吧！国景子替人忧虑，公子招以高兴代替忧虑，齐恶虽然有忧虑却不当作危害。《泰誓》说：'民之所欲，天必从之。'三位大夫有了忧虑的兆头，忧虑能不来吗？听一个人说的话，就可以预知他的未来。"

简单几句话，暴露了每个人的命运。这是一段含金量很高的群口相声。

就在这一年的十二月，公子围在王宫用帽带子勒死了病中的楚郏敖，并杀掉楚郏敖的两个儿子。伯州犁也没能幸免。公子围自立，改名虔，是为楚灵王。"楚王好细腰，宫中多饿死"，说的就是他。这个昏暴之君最后搞得天怒人怨，被公子弃疾造了反，走投无路，自缢而死。

公子围的结局，其实早就预示在那段群口相声里了，虽然没有一个人说出来。

就像文学中的"冰山原则"，没说出来的，才是最有意思的东西。

政治同样如此。很多时候，听政治人物发言，重要的不是他说了什么，而是他没说什么。

政治是禁忌的游戏，奥秘在台面之下。窥探禁忌的过程，构成了一种悖论式生存的荒诞。正如尼采在《看哪，这人》中所说："我们追求被禁止的东西……从原则上说，人们一向禁锢的东西不外是真理。"

当小白老了

齐桓公姜小白和蔡姬在苑囿的湖上泛舟。

蔡姬是蔡穆侯的妹妹。蔡国很菜，中原小国，靠源源不断向诸侯输送姑娘，在夹缝中生存。齐桓公称霸后，蔡穆侯赶紧把好看的妹妹送给桓公做姬妾。

蔡姬是个活泼的姑娘，故意使坏，摇晃起小船来。颠簸中，旱鸭子桓公惊慌失措："别闹啦，船要翻了！"蔡姬咯咯笑，把船摇晃得更加剧烈。

闹够了，蔡姬停下来，看到小白脸都吓白了。

船靠岸，桓公脸上升腾起一股怒气，派人把蔡姬送回娘家，意思是分居一段时间以示惩罚。

蔡穆侯听了妹妹的哭诉，很不痛快：屁大点事，至于吗？他一发狠，把蔡姬改嫁了。

蔡穆侯低估了桓公的霸气。

刚当国君时，小白并不像个小白。《吕氏春秋·慎小》说，桓公即位三年，只说了三句话，天下百姓都称赞他是贤明之君，群臣也都很高兴。这三句话是：去掉范围中吃肉的野兽，去掉宫中吃粮食的鸟雀，去掉用蚕丝编织的捕兽网。这就是政治智慧——对动物都这么有爱心，何况对人？

桓公为吸引人才，搞了一次有轰动效应的招聘——庭燎之礼，在大庭中点燃一百只火炬，火光熊熊，照亮来人前程。也许是人才们怕火不起来反倒成了干柴，火炬烧了一年也没人来。后来，一个自称"东野鄙人"的老头来了，说他会九九乘法口诀。桓公乐了："这算什么本事，小屁孩都会。"老头说："要是会九九乘法的人您都以礼相待，何愁没人才来？"桓公一拍大腿，立即吩咐好酒好肉款待老头。消息传开，四面八方的人才都来应聘，桓公火了。

桓公智商高，情商也高，还是个潮男，喜欢穿紫色衣服，于是全国的人都穿紫色衣服赶潮流，紫衣贵得离谱，五件白衣也换不到一件。桓公天天和人撞衫，很不爽，就问相国管仲怎么办。管仲说："您傻呀，为什么不改穿其他颜色的衣服呢？在宫中遇到穿紫衣的人，您就说，退后点，我讨厌紫衣的味道。"桓公笑了："我喜欢新衣服的味道。"

管仲白了小白一眼，小白就改穿白衣了。不出三天，国内没人再穿紫衣。

桓公帮助燕国打败了山戎，燕庄公很感动，礼送桓公回国，越聊越舍不得，一不留神送出了燕国国界，进入了齐国境内。桓公这才想起来，国君送国君，出境即为失礼。为了让人家面子上过得去，桓公就把刚才经过的齐国国土割让给了燕国。

谈笑间，眼不眨心不跳送块地出去，这就叫霸气。

霸气的桓公，怎会轻易饶过蔡穆侯？

桓公联合鲁、宋、陈、卫、郑、许、曹等国，率联军讨伐蔡国。蔡军不经打，溃败。

找回了在蔡姬身上丢掉的面子之后，桓公顺势南下，进攻楚国。

楚成王派大夫屈完为使者，去跟齐国人交涉："齐楚两国，一北一南，风马牛不相及（此成语出处），贵国君上竟不顾路远来到我国土地，是什么道理？"

管仲出面，以桓公口吻应对："贵国应该向王室进贡的用于滤酒的包茅没有按时进贡，影响天子祭祀，寡人为此而来问罪。昭王南征到楚国而没有回去，寡人为此而来责问。"

这理由牵强得有些搞笑——且不说大动干戈帮王室讨区区包茅；周昭王伐楚死于汉水之滨，那已经是三百多年前的事啦。

屈完忍笑回答："贡品没有送来，这的确是寡君的罪过，今后岂敢不供给？至于昭王没有回去，君上还是去问汉水边上的人吧！"

桓公自知理屈，没法再说，只能亮肌肉。联军前进，驻扎在陉地。

楚军赶至，气势汹汹，一副不怕事情闹大的样子。

桓公审时度势，知道不能硬来。联军撤退到召陵。

桓公邀请屈完到召陵，两人同乘一辆战车检阅列队的联军。

桓公先示好："我们出兵，难道是为了我一个人吗？为的是继续两国先君建立的友好关系啊。两边不打了，做伙伴，怎么样？"

屈完点头："这正是寡君的愿望！"

桓公指向麾下将士，为谈判增加筹码："用这样的军队来作战，谁能够抵御他们？用这样的军队来攻城，哪座城能不被攻破？"

屈完笑笑："君上如果用德行安抚诸侯，谁敢不服？君上如果用武力，楚国有方城山作为城墙，汉水作为护城河，君上的军队再强，也没什么用处。"（《左传·僖公四年》）

桓公与屈完订立盟约，退兵。

展示猛男形象之后，回去继续练肌肉，这就叫明智。

可惜，当小白老了，就失掉了明智。

桓公有个厨师叫易牙，据说是史上开私人饭馆第一人，被后世大厨奉为祖师。此人生了一只辨味非常厉害的舌头。据孔子说，将淄水、渑水两条河里的水混合起来，易牙也能够分辨得出。不过，易牙在宫廷里待久了，就不再满足于仅仅做个厨师。一次，桓公对易牙开玩笑："山珍海味我都吃腻了，就不知道人肉是什么滋味。"第二天，易牙就把自己三岁的儿子杀了，做了一盘肉羹，端上桓公的饭桌。桓公看着有点不对："这是什么肉？"易牙哭着说："这是臣儿子的肉，献给君上尝尝鲜。"这舍得孩子套住狼的狠招，让桓公感动得要哭。

除了易牙，桓公还有两个宠臣：开方和竖刁。开方侍奉桓公十五年，从未回家看望过母亲。竖刁是寺人（宦官），为了表示对桓公的忠心，自行阉割。

齐桓公四十一年（前645），管仲病重，桓公去看望他，提出让易牙接替他为相，理由是："易牙非常爱我。"管仲直摇头："爱子是人之常情，他连自己的儿子都不爱，怎么可能爱您？"

桓公问："开方如何？"管仲也摇头："背弃亲人来讨好君主，不合人情，难以亲近。"桓公又问："竖刁如何？"管仲还是摇头："阉割自己来讨好君主，不合人情，难以亲近。"（《史记·齐太公世家》）

管仲死后，桓公不听管仲的话，重用易牙、开方和竖刁，三人专权。

齐桓公四十三年（前643），桓公生了重病，易牙与竖刁等拥立公子无诡，五公子各率党羽争位。易牙等堵塞宫门，假传君命，不许任何人进宫，又在桓公寝宫周围筑起三丈高的围墙，不让人给他送饭送水。有两个宫女乘人不备，越墙入宫探望桓公。桓公正饿得头昏眼花，不顾体面向她们要东西吃。她们将易牙等作乱的情况如实相告，桓公悔之晚矣，终被饿死。

几个公子忙着夺权，谁也顾不上安葬桓公，桓公尸体在宫中停放了67天，臭气熏天，生了蛆，到处爬。直到公子无诡即位，桓公尸体才入殓。

这事怪不得别人。问题的根子在桓公内心深深的不安全感。经历了年轻时的出逃、夺位，差点被管仲一箭射死，心里的虚空需要用霸主的荣光以及他人的忠诚、爱戴来填补，哪怕只是幻梦一场。而湖上那只摇晃的小船，摇碎了幻梦。

这幻梦，是死结，是魔咒。

受命于民，而非"受命于天"，才有可能摆脱这魔咒。比如说出"我打仗就是为了保卫人民罢免我的权利"的丘吉尔，明智地避免了像齐桓公那样臭掉的下场。

惜乎，齐桓公姜小白，姜不是老的辣。

当小白老了，没有一个人爱他那昏聩的灵魂，爱他衰老的脸上痛苦的皱纹。

当小白老了，臭了，权力的真相也大白于天下了。

重耳流浪记

重耳是个好青年。《史记·晋世家》是这么介绍他的："晋文公重耳，晋献公之子也。自少好士，年十七，有贤士五人：曰赵衰；狐偃咎犯，文公舅也；贾佗；先轸；魏武子。自献公为太子时，重耳固已成人矣。献公即位，重耳年二十一。"

晋献公二十一年（前656），宫变中，重耳不得不逃亡。

宫变是由晋献公夫人骊姬引发的。

据《左传·僖公四年》载，献公原来有个夫人齐姜，生了太子申生。齐姜死了，献公想立他宠爱的骊姬做夫人，用龟占卜，不吉利；用蓍草占卜，吉利。献公说，那就信蓍草占卜的吧。卜官是个直肠子："蓍草之数短而龟象长，应该信龟卜。而且它的繇辞说：'专宠会使人心生不良，将要偷走您的公羊。香草和臭草放在一起，十年以后还会有臭气。'信草卜，一定不可以。"献公不听，立了骊姬。

骊姬生了奚齐。这孩子长大后，骊姬想让他做太子，便与宠信的大夫定下计谋。

骊姬对太子申生说："国君梦到了你母亲齐姜，你一定要赶快祭祀她。"申生是个孝子，赶紧到曲沃祭祀，并按规矩把祭酒祭肉带回来给献公吃。献公刚好出外打猎，骊姬把酒肉放在宫里。过了六天，献公回来，骊姬在酒肉里下了毒，献上去。献公以酒祭地，土突起如坟堆；把肉给狗吃，狗死了，给宦官吃，宦官也死了。

献公大怒。骊姬哭诉："这肯定是太子的阴谋！"

听到风声的申生逃到新城，献公杀了他的保傅（辅导天子和诸侯子弟的官员）杜原款。有人对申生说："您还是为自己申辩一下吧，国君肯定能弄清楚的。"申生很厚道："国君如果没有骊姬，睡不好，吃不香。我如果申辩，骊姬的罪行就暴露了。国君老了，骊姬有罪的话，会使他老人家不高兴。那样，我也会难过。"那人说："您就逃走吧！"申生摇摇头："国君还没有查清我的罪过，顶着弑父的罪名跑出去，谁会接纳我？"

申生上了吊。

骊姬给献公吹枕边风："太子的阴谋，公子重耳和夷吾都参与了。"夷吾是重耳母亲狐姬的妹妹所生。

于是，重耳逃到蒲城，夷吾逃到屈地。

献公的军队攻打蒲城。蒲城人想要迎战，重耳不肯，下令："违抗君命的人就是我的仇敌。"他对亲近的人说："我一直仰仗着国君父亲的恩宠而享有食禄，得到百姓的拥护。有百姓的拥护而反抗，没有比这再大的罪过了。我还是逃亡吧。"

重耳翻墙逃走，献公派来谋杀他的宦官寺人披追上后，挥剑就砍，砍掉了他的袖口。

四十三岁的重耳开始了他的漫漫流浪路。他先是逃到母亲的故国翟国。狐偃、先轸、赵衰、贾佗、魏武子都紧跟着他，像是跟定一支潜力股。

晋献公二十六年（前651）九月，献公去世，奚齐继位，荀息为托孤之臣。一直支持太子申生的晋国卿大夫里克、邳郑等人发动宫变，把奚齐杀死在献公的灵堂上。荀息再立卓子为国君，里克等人又把卓子杀死在朝堂之上。可怜骊姬，机关算尽，被活活鞭死。

这是史上宫变大戏的常见桥段，应了孔子那句恶狠狠的诅咒："始作俑者，其无后乎！"

里克派狐偃之兄狐毛到翟国迎接重耳，打算拥立他。重耳辞谢道："违背父亲的命令逃出晋国，父亲逝世后又不能按礼仪办丧事，我怎么敢回国即位？请大夫还是改立他人吧。"

这样的言辞，虚虚实实，显示了重耳的政治智慧——此时即位，名不正，言不顺，没有合法性，只怕国君的位子还没坐热，就也被干掉在朝堂之上了。

里克让人到夷吾逃往的梁国去迎接他。夷吾的谋臣吕省、郤芮认为夷吾即位的合法性也不足，就跟秦国方面商量，以晋国河西之地换取秦国支持夷吾归晋，并向里克允诺，夷吾为君之后将汾阳之邑封予他。

公元前650年，夷吾即位，是为晋惠公。这人不守信用，不兑现之前对秦国和里克的承诺，国人都不顺服他。一些人又念叨起在翟国的重耳来。

重耳，像是夷吾心头的一根刺，必欲拔之而后快。公元前643年，晋惠公派寺人披到翟国追杀重耳。

居翟十二年后，重耳不得不离开，重新踏上流浪之路。一帮跟班仍然跟定他。

重耳一行到了卫国。这个落魄公子未入卫文公的法眼，受到冷遇，就离开卫都，去了齐国。

一行人经过五鹿（今河南濮阳东南），荒郊野岭，重耳饿得头昏眼花，不顾体面，向一个乡下人讨饭。乡下人什么也不说，捡了块泥巴给他。重耳怒了，举起鞭子要抽乡下人。狐偃拦住他："这是上天的恩赐啊！"重耳一愣，醒悟了，恭恭敬敬地向乡下人叩头行礼。礼毕，把泥块接过来，放到马车上。

这行为艺术的一幕，体现的是一种生命观——天地养人，泥土即为神祇，崇而拜之，守本而居。

到了齐国，重耳娶得奇女子姜氏。她把斗志渐消的重耳"赶"走，让他去实现远大抱负。

重耳一行到了曹国，闲得蛋疼的曹共公听说重耳的肋骨长得并在一起，好奇心爆棚，在他洗澡时，躲在浴室帘子后面偷窥。这一严重无礼之举被重耳发现，羞愤交加。

重耳成为晋文公后，为报此仇，派兵攻打曹国，俘虏曹共公，大骂："你这偷窥狂，弹丸小国国君，居然纳美女三百人，讨打！"将其带回晋国羁押。后经人劝说，才放他回国。当然，这是后话。现在，重耳只能生生闷气。

曹国大夫僖负羁的老婆知道了这事，对僖负羁说："重耳的随从一个个看着都很给力，有他们辅佐，重耳将来肯定会回晋国当国君，而且还会在诸侯中称霸。他一旦称霸，就会讨伐当初对他无礼的国家，而曹国恐怕是头一个。你为什么不趁早去攀个交情呢？"

僖负羁相信老婆的眼力，给重耳送去一盘饭食，其中藏了一块宝玉。重耳接受了饭食，退还了宝玉。他很清楚，风险投资追求高额回报，钱不是那么好拿的。

后来，文公伐曹，晋军经过僖负羁一族的居地时，秋毫不犯。照这回报率，如果拿了那块宝玉，不把战利品给僖负羁分点成都说不过去。

重耳一行到了宋国，宋襄公送给他八十匹马。

到了郑国，郑文公不待见重耳。上卿叔詹劝谏郑文公："重耳是上天赞助的人，原因有三：照理说，父母同姓，子孙不能昌盛。姬姓的重耳是姬姓女子生的，却能活到今天，此其一；逃亡在外，而上天使晋国不安定，此其二；他的随从中至少有三人具备做卿的才干，却心甘情愿跟随他，此其三。晋国和郑国地位平等，他们的公子路过，本应以礼相待，何况还是上天赞助的人呢？"郑文公不听。

叔詹又建议："如果国君不能礼遇重耳，就请下令杀了他，不然日后将生祸端。"郑文公还是不听。

后来，重耳成了晋文公，伐曹之后，又攻郑国。郑国用宝物乞和，晋文公喊话："你们把叔詹交出来，我就退兵。"郑文公不答应，叔詹再三请求："一臣可以赦百姓而定社稷，国君何必对下臣如此爱惜呢？"

叔詹被交了出去，晋人要把他烹了。叔詹请求把话说完再死。晋文公同意了。

> 詹曰："……尊明胜患，智也。杀身赎国，忠也。"乃就烹，据鼎耳而疾号曰："自今以往，知忠以事君者，与詹同。"乃命弗杀，厚为之礼而归之。（《国语·晋语》）

敬忠，智也。

离开郑国后又去楚国，和楚成王的一番对话，也显出重耳的明智。

楚成王设宴招待重耳，对他说："公子如果回到晋国，拿什么报答我？"

重耳回答："子、女、玉、帛、鸟羽、皮毛、象牙、犀革，您都已经拥有了，晋国的这些东西，已经是您用剩下的了，我能拿什么来报答您呢？"

楚成王是个财迷，追问："就算是这样，您究竟会拿什么来报答我?"

> 对曰:"若以君之灵,得反晋国,晋、楚治兵,遇
> 于中原,其辟君三舍。若不获命,其左执鞭弭、右属
> 櫜鞬,以与君周旋。"子玉请杀之。楚子曰:"晋公子
> 广而俭,文而有礼。其从者肃而宽,忠而能力。晋侯
> 无亲,外内恶之。吾闻姬姓,唐叔之后,其后衰者也,
> 其将由晋公子乎。天将兴之,谁能废之。违天必有大
> 咎。"(《左传·僖公二十三年》)

后来的晋楚城濮之战,晋文公兑现诺言,令晋军后退
九十里,"退三舍辟之"("退避三舍"就是这么来的)。

公元前 637 年秋,重耳被楚成王礼送至秦国,得到秦
穆公礼遇。

彼时,晋惠公死了,其子圉即位为怀公。新君下令臣
民不准跟随逃亡在外的人,要求逃亡者在规定期限内回来,
不回来的,罪不可赦。

大夫狐突的儿子狐毛和狐偃都跟随重耳在秦国,老人
家不遵令召他们回国。怀公派人抓来狐突,对他说,儿子
回来就赦免他。狐突回答:"儿子做官,父亲教他懂得忠诚

的道理，这是古制。现在下臣的儿子跟随重耳已经有年头了，如果召他们回来，这是教他们三心二意。父亲教儿子三心二意，凭什么事奉国君？不滥用刑罚，是君主的贤明，是臣子的愿望。滥用刑罚以逞一时之快，罪过啊。"怀公杀了狐突。

得一群一心一意跟随自己的贤士，为重耳之大幸。

公元前 636 年春，秦穆公派军队护送重耳回晋国。

辗转八国，流浪十九年，六十二岁的重耳终于返乡。一把老泪，洗去一路风尘。

重耳顺利即位为晋文公。

怀公被文公派人杀死后，吕省、郤芮眼看祸难逼近，准备焚烧宫室，除掉文公。

寺人披请求进见，文公拒绝接见，派人责备他："蒲城那一次战役，国君命令你一个晚上到，你很快就来了。后来你又为惠公来杀我，惠公命令你三个晚上到，结果才两个晚上你就来了。虽然君命难违，你来得那么快，跟我有仇啊？那只被砍断的袖子还在呢，你走开！"

寺人披沉着回答："事奉国君一心一意，叫作臣；好恶观念不颠倒，叫作君。君要像君，臣要像臣，这是明白的古训。自始至终遵循明训，方能为民之主。现在您的心胸，为什么这么不宽大呢？不明古训，放弃为民之主的准则，这不是国君之道啊。"他举了一个很有说服力的例子：齐桓公不计前嫌，重用曾射己一箭的管仲，得以称霸。

文公马上接见了他。寺人披告以吕、郤二人的阴谋。文公又躲过一劫。

贤明，往往是由贤士激出来的。文公的贤明之处，就在于给了贤士说话的机会，而且脸皮不那么厚，不好意思违背常理。

有个专门管理财物的侍臣，名叫头须。文公在国外的时候，头须偷盗财物潜逃，把这些财物都用于设法让文公回国，没有成功，只好留在国内。等到文公回来，头须请求进见。晋文公推说正在洗头。头须对仆人发牢骚：洗头的时候心就倒过来，心倒了意图就反过来，难怪国君不接见。留在国内的人是国家的守卫者，为什么要怪罪这些人？"国君而仇匹夫，惧者甚众矣。"仆人把这些话转告文公，文公马上接见了头须。

长长的流浪结束了，曾经的流浪汉，必须转换身份，转变观念，学会"亲匹夫"，"尊明胜患"，做一个合格的国君。

否则，不管掌权多久，骨子里都只是个流浪汉，即使锦衣玉食，内心仍然饥饿不安，只顾盯着自己面前的饭碗，生怕被人拿走。

比如"进城赶考"的李自成，"丁酉异梦"的洪秀全。

晋文公即位后，减免赋税，救济贫困，任用有才能的人。司马迁感叹："重耳不得意，乃能成霸。"（《史记·太史公自序》）

所谓霸者，就是不管得意与否内心都不扭曲的正常人。

哀君们

　　鲁哀公问于孔子曰："寡人生于深宫之中，长于妇人之手，寡人未尝知哀也，未尝知忧也，未尝知劳也，未尝知惧也，未尝知危也。"孔子曰："君之所问，圣君之问也，丘，小人也，何足以知之？"曰："非吾子无所闻之也。"孔子曰："君入庙门而右，登自阼阶，仰视榱栋，俯见几筵，其器存，其人亡，君以此思哀，则哀将焉而不至矣？君昧爽而栉冠，平明而听朝，一物不应，乱之端也，君以此思忧，则忧将焉而不至矣？君平明而听朝，日昃而退，诸侯之子孙必有在君之末庭者，君以此思劳，则劳将焉而不至矣？君出鲁之四门，以望鲁四郊，亡国之虚则必有数盖焉，君以此思惧，则惧将焉而不至矣？且丘闻之，君者，舟也；庶

人者，水也。水则载舟，水则覆舟，君以此思危，则
危将焉而不至矣？"

《荀子·哀公》中的这段记述，是一则寓言——思哀，
思忧，思劳，思惧，思危，也是为君之道。不守之，"水则
覆舟"。

"不知为不知"的鲁哀公，看上去比后世那位"何不食
肉糜"的晋惠帝靠谱点，不过也好不到哪儿去。

哀公不顾众人反对，非要将宠妾立为夫人，将妾所生
之子立为太子，"国人始恶之"。

老被"三桓"骑在脖子上拉屎，哀公很不爽，君臣之
间嫌隙越来越大。《左传·哀公二十七年》载，哀公在陵坂
游玩，于孟氏之衢碰上"三桓"之一的孟武伯。也许是见
到仇家后气不打一处来，脑袋一时短路，哀公向对方提出
了一个很傻的问题："请问，我能得到善终吗？"

孟武伯冷冷地回答："我没法知道。"

哀公连问三次，得到的都是同样的回答。

哀公气昏了头，居然想当带路党，请越国讨伐"三
桓"，结果反被"三桓"攻打，被迫出亡，死在外地。

"蚤孤短折曰哀。"谥为"哀"，此君恰如其分。

鲁哀公不孤——很多虽未谥为"哀"的国君，像他一样悲哀。

卫庄公过度使用民力，特别是匠人。他想要驱逐国卿石圃，还没动手，被石圃先下手为强，联合匠人攻打。庄公关上门哀求饶命，石圃不答应。庄公翻墙逃跑，摔断了大腿骨。他逃到自己欺负过的戎人己氏那里。当初，庄公看到己氏的妻子头发很漂亮，派人逼她剪下来，送给夫人吕姜作假发。

落难的庄公低调了，把玉璧送给己氏："救我的命，给你玉璧。"

己氏冷笑："杀了你，玉璧跑得了吗？"于是杀死庄公，夺了玉璧。

在哀君行列中，被抽筋悬吊活活疼死的齐闵王是神一般的存在。

公元前 288 年，秦昭王想过皇帝瘾，又怕被人非议，便拉上个垫背的，称齐闵王为东帝，自立为西帝。齐闵王笑纳了帝号。他摆天子的谱去视察鲁国，随员夷维子问鲁国官员："你们准备怎样接待我们国君啊？"鲁国官员说："我们打算用十副太牢（祭祀社稷时，牛、羊、猪三牲全备，称为太牢）的礼仪接待您的国君。"夷维子说："不行，规格太低，我们国君是天子啊。天子到各国视察，诸侯照例应迁出正宫，移居别处，站在堂下伺候完天子用膳，才可以退回朝堂听政理事。"鲁国人一气之下，关闭城门，不让闵王一行入境。其时，邾国国君逝世，闵王想入境吊丧，夷维子对邾国的嗣君说："你们一定要把灵柩转换方向，在南面安放朝北的灵位，让天子面南吊丧。"邾国人怒了，发誓以死相抗。闵王也就不敢进入邾国。这天子当的，像个孙子。

公元前 284 年，秦、燕、赵、魏、韩五国联军大举进攻齐国，齐军大败，齐闵王逃到卫国。他问近臣公玉丹："我已亡国了，这到底是为什么呢？"公玉丹是个绝世好奴才："大王之所以亡国，是太贤明了啊。诸侯没出息，还看不惯您的贤明，所以联手来攻打您。"闵王仰天长叹："做个贤君，为什么就这么难呢？"这不要脸的水平，简直无敌。

齐闵王的孙子齐王建则走到了另一个极端——窝囊，简直无敌。

齐王建要去秦国朝见嬴政，都城临淄西门的司马横戟挡在他的马前，板着脸："请问，我们是为国家立王，还是为大王您而立王呢？"齐王建回答："为国家。"司马说：

"既然为国家立王，那么，您为何要抛弃国家而去秦国呢？"齐王建面露羞惭之色，调头回宫去了。

即墨大夫听说了这事，也跑来劝谏齐王建，让他不要甘当秦国的小弟，如果与赵、魏、韩、楚联合攻秦，可望成功。齐王建不听。

秦军攻齐，秦国使者陈驰以五百里封地为饵诱降齐王建成功。亡国之君齐王建傻乎乎地去了秦国，被嬴政软禁在边远的共邑，住处周围全是松柏，没有吃的，活活饿死。

周王室之哀，也不亚于缺心眼的诸侯。

郑国侵夺周王室的田地，割走了田里的庄稼。周王室本来就没多少地，这分明是要人家的命。后来，郑庄公假惺惺去朝拜周桓王，桓王对郑国夺庄稼一事耿耿于怀，对他很不客气。庄公一生气，再不去朝拜。桓王也很生气，亲率陈、蔡、虢、卫国联军讨伐郑国。庄公率部迎击，大败联军。郑将祝聸射中了桓王的手臂，请求继续追击，庄公惮于桓王毕竟是名义上的老大，不同意："长者都冒犯不得，何况欺负天子呢？"当天深夜，庄公派大夫祭仲去联军大营拜见桓王，问他的箭伤要不要紧，并赔罪说，本来只准备自卫，没想到将士不懂事，冒犯了天子。桓王哭笑不得，只好下台阶，宣布免除庄公之罪。

周烈王在位时，王室更加衰弱，诸侯当中只有齐威王给点面子去朝拜。周烈王逝世，齐威王奔丧去迟了，新继位的周显王很生气，派人到齐国教训威王："天子逝世，对周朝人民来说，是天崩地裂般的头等大事，新继位的天子也得独自睡在草席上居丧守孝，东方属国之臣田婴齐居然敢迟到，按照周的律法应该被斧钺砍死。"齐威王勃然大怒："啊呸！臭显摆啥，他母亲不过是个婢女！"周显王乖乖闭嘴，成为天下人的笑料。

东周末代国王是据说活了一百二十岁的周赧王。"赧"意为羞愧脸红，因此周赧王有个绰号叫"羞愧之王"。此君确实该羞愧——即位后，周王室的地盘只有三万多人口，还分成"东周"和"西周"，由东周公和西周公分治，赧王的影响力仅限于王都洛邑。据司马光记载，由于税收太少，军费都没有，赧王不得不向商人借债。商人逼他还钱，他就逃到高台上躲债（"债台高筑"就是这么来的）。混成史上最穷天子的赧王，偏偏又是个老不死，终于死掉时，一定不好意思地脸红了。

哀君们也许忘了孔子提醒鲁哀公的"五思"。不过就算想起，又能怎样呢？史学家有言："历史教训也是很少人接受，前面犯多少错误，到后面还是继续犯，因为人性就是大权在握或利益在手便难以舍弃，权力和利益的关口，有人过得去，有人过不去。"

人性的弱点，被权力放大，国君如此，平民亦然。

很多人一边骂贪官，一边恨自己没有贪的机会。

对一个国家来说，这是真正的悲哀。

最佳雇主

　　楚庄王大宴群臣，酒从白天喝到晚上。庄王喝高了，请出自己的宠妾许姬为大臣们斟酒。大家喝得更痛快了。

　　一阵风吹过，宴会厅的烛火全被吹熄了，黑咕隆咚的，一个醉汉趁机耍流氓，捏住了许姬的纤纤玉手。

　　拉扯中，许姬断袖挣脱，反身扯下那人帽子上的璎珞，到庄王跟前打小报告："大王，有人非礼臣妾！这是他的璎珞，您可要给臣妾做主啊！"

　　庄王沉吟不语。他看见宫人正要重新点烛，赶紧摆手："别点了，干脆在黑暗里喝酒，多有情调呀。还请各位也把帽子上的璎珞摘下来，咱们来个绝缨之宴。"

　　众人就都摘了璎珞，在黑暗里喝酒。

　　宴后，庄王向许姬解释："是我让他们喝酒的，喝多了，有非礼之举，可以理解。不能因为一点小事伤了国士的心啊。"

七年后，庄王伐郑。将领唐狡担任开路先锋，拼死血战，大败郑军。战后，庄王论功行赏，唐狡不受赏赐，坦承当年绝缨之宴上无礼之人就是自己，现在立下战功，只为报庄王的不罪之恩。

像楚庄王这样善用人的好老板还有很多，比如魏文侯。

魏国相国翟璜有个门客叫乐羊。魏国和中山国交战，翟璜向魏文侯举荐了乐羊。这很让人意外——乐羊之子乐舒是中山国的将领，而且曾杀了翟璜之子翟靖。深知乐羊为人的翟璜，抛开私人恩怨，力保乐羊为帅。文侯准了。

乐羊率军出征。中山国国君杀死乐舒，大卸八块，煮了一杯人肉羹，派人送给乐羊。乐羊坐在军帐内，端起儿子的肉羹就吃，吃得干干净净。

乐羊灭了中山国。凯旋后，他面露居功自傲之色。魏文侯命主管文书的官吏搬出两箱书信，让乐羊看。书信内容都是对乐羊攻打中山国一事的责难。乐羊转身退下几步，向文侯下拜："攻下中山国，是君上您的功劳。"

魏文侯拉拢名士也有一套。魏国名士段干木是孔子的徒孙，但没有孔子那样的官瘾。文侯想请他出任相国，登门拜访，他翻墙躲开。文侯每次乘车经过他家所在的巷口，总是扶轼（车厢前面用作扶手的横木）而立，以表敬意。在文侯坚持请求下，两人会面，文侯一直站着听段干木说话，腿都站酸了也不坐下来休息，把各国儒生感动得眼泪哗哗的。

不久后，秦国打算攻打魏国，有人对秦敬公说："段干木是个贤人，魏君很尊敬他，您贸然攻魏，那些儒生恐怕会制造对咱们不利的舆论啊。"秦敬公怕了，按兵不动。

这才是真正的一人可抵百万雄兵，就看你会不会用。

要说打人才牌，秦国人也不差。秦国有个"五羖大夫"百里奚，是秦穆公用五张黑羊皮从楚成王手里买来的。

百里奚原是虞国大夫。晋国灭了虞国后，他当了晋人的奴隶，后来作为外派劳力，被押送到秦国。在路上，百里奚胜利大逃亡，到了楚国。他在楚国成了养牛专家，楚成王把他收了，让他养马。秦穆公听说这是个被埋没的人才，就想重金聘请百里奚。有大臣劝他，楚成王再傻，这么一来，也晓得这人是只潜力股，肯定要抱在手里了。穆公就派人带了刚好可以买一个好点的奴隶的五张黑色公羊皮到楚国去，说是把百里奚买去养牛。楚成王想也没想就同意了。百里奚到了秦国，被穆公任用为上大夫，政绩卓著，成为一代名臣。

东周什么最贵？人才。国君们都懂得这一点，因此不遗余力竞争最佳雇主奖。

有雇主争夺，士人们多了选择，有了底气，此处不留爷，自有留爷处，不必像后世才俊那样，挤破脑袋去考公务员。

而且，有楚庄王、魏文侯这样的雇主担待着，士人们也不必担心因言获罪。百家争鸣、思想繁荣的背后，是一个充分自由竞争的职场。

流氓的胜利

楚汉相争，广武山对峙，刘邦在他老爹被项羽抓住后以把兄弟身份向对方喊话："吾翁即若翁，必欲烹尔翁，则幸分我一杯羹。"

双方都筋疲力尽之时，项羽派人告诉刘邦，就因为他们两人的缘故，天下大乱了好几年。他愿与刘邦决斗，一决雌雄，不能再让天下人受苦了。

刘邦大笑："吾宁斗智，不能斗力。"（《史记·项羽本纪》）

贵族比勇决斗的时代早就结束了，现在胜出的，总是偷看对方底牌、不按规则出牌的人。用马基雅维利的话说，"只要目的正确，可以不择手段"。

流氓的胜利成为历史常态，始自越王勾践。

对，就是那个"卧薪尝胆"的励志榜样。

公元前496年，越王允常去世，其子勾践继位。吴王阖闾出兵伐越。双方摆开阵势后，勾践组织敢死队冲锋。吴军阵营严整，敢死队冲过去，倒下一片，无功而返。勾践使出盘外招，让一批受要挟的死囚站到阵前，排成三行，每个人都拿一把剑架在脖子上，一起按事先编排好的台词向吴军喊话："两国国君出战，下臣触犯军令，不敢逃避刑罚，谨此自裁谢罪！"话音刚落，他们纷纷拿剑抹了脖子，鲜血溅地倒下。

这出前所未有的集体自杀秀，让吴军一个个看傻眼了，看心虚了。对，勾践要的就是这个效果，他趁机指挥越军冲杀过去，杀得吴军大败。

阖闾受伤，去世。

勾践在国际舞台的初次亮相，便让天下人为之侧目。在战场上玩这么一出，想法之绝，手段之狠，非流氓不能为。

而吴王阖闾之子夫差，像围观秦始皇时立誓"彼可取而代也"的项羽一样，是个有血性的人。即位后，他派人站在庭院中，每当他经过，就大声吆喝："夫差！你忘了越王的杀父之仇没有？"他总是恭敬地低头，咬牙回答："没有，不敢忘！"

第三年，夫差就报了仇。勾践不听谋臣范蠡劝阻，发兵攻吴。两军战于夫椒。吴军大胜，包围越都会稽。为了求生，勾践派大夫文种去向夫差乞和，卑躬屈膝至极。文种一边跪行一边叩头："君上的亡国臣民勾践让我告诉您：勾践请您允许他做您的奴仆，允许他的妻子做您的侍妾。"

夫差一时没有答应。勾践马上从贱骨头变为亡命之徒，想杀死妻子儿女，焚烧宝器，与夫差决一死战。

文种阻止了勾践，贿赂吴国的太宰嚭，请他帮忙说服夫差。

夫差心软，赦免勾践，罢兵回国，像极了鸿门宴上的楚霸王。

一代枭雄，何以如此？也许是还有一点"不忍人之心"。

公元前488年，正是吴国如日中天时，夫差伐齐，到缯地，向鲁国索要牛、羊、猪各一百头劳军。鲁国季康子派孔子得意门生子贡去当说客。子贡唾沫横飞地讲了半天礼，夫差不耐烦地说："我们是文身的蛮夷之人，你这一套，对我们有个鸟用。"话虽这么说，却不再向鲁国要畜生。

其实，霸气背后，夫差还是知礼的。

而勾践是个彻头彻尾的功利主义者。他到吴国服侍夫差，为奴两年。

两年间，勾践天天装孙子，装得登峰造极的一次是主动尝夫差的屎。据《吴越春秋》载，夫差连续多日肠胃不适，勾践求见，到了他卧室外，见到下人正端着便盆出来，就用手抓了点夫差的屎，放到嘴里，咂摸咂摸，面带喜色，进屋对夫差说："恭喜大王，您的贵恙，到己巳日就会痊愈。下臣曾向会闻粪的高人学过两手，粪的色味与时令节气相顺。刚才下臣斗胆尝了大王的贵粪，味酸、苦、辣，正应合春夏之交的时气，是吉兆啊。"

夫差感动得快掉泪："勾践，仁啊。"

他不听伍子胥的劝，放勾践回了越国。

与勾践相比，夫差还是太年轻太天真了。

吃屎的勾践此后还真就爱上了重口味，开始尝苦胆。

成为后世经典励志故事的所谓"卧薪尝胆"，只是一出鼓动人心的秀。

练兵时，勾践显出他的狠。他派人放火烧兵船，同时擂鼓下令前进。结果，士卒赴汤蹈火，死在火里水里者不计其数。勾践用这种不惜人命的残忍方式，将越军打造成一支虎狼之师。

经"十年生聚，十年教训"，越国实力大增。而夫差则深陷于勾践一手为他设计的西施的温柔乡里。

勾践翻脸不认人，于公元前 482 年伐吴，迫使夫差求和。

公元前 478 年，吴国饥荒，勾践趁火打劫，再度举兵攻吴。行军途中，一只青蛙挡在路上，昂头鼓眼，战车近了也不慌不跑，颇有大将之风。勾践一看，表演欲又上来了，从车上起立，扶轼向青蛙敬礼："勇士也!"青蛙将军受不起这样的大礼，不好意思地跑了。越军将士看到这一幕，激情燃烧，纷纷表示，当青蛙不当乌龟，甚至有人割下自己的脑袋献给勾践，自证其勇。影帝就是粉丝多。

在灭吴战争中，勾践带兵，高举胡萝卜加大棒：三军将士列队完毕，他在军鼓声中走到阵前，下令将一批死囚斩首示众，随后，宣布父母年迈且没有兄弟的，可以回家去。次日，再杀一批死囚，宣布兄弟数人都在军中的，可以有一人回家去。第三天，又杀一批死囚，宣布眼睛不好的回家养病。第四天，仍杀一批死囚，宣布体力差智商低的可以回家去。第五天，还杀一批死囚，宣布所有自愿留在军中的，如果上了战场有令不行有禁不止，杀无赦，妻子为妾为奴。

可怜越国死囚，总被勾践调来当道具。

可怜越国士卒，被勾践这么一吓唬，只能死战到底。

公元前473年，勾践灭吴，派人对夫差说，要把他流放甬东，让他统治百户。心高气傲的夫差哪能受此屈辱，掩面自杀。

勾践称霸。

立下大功的范蠡离开，在齐国给文种写了一封信："飞鸟尽，良弓藏；狡兔死，走狗烹。越王为人长颈鸟喙，可与共患难，不可与共乐。子何不去？"

文种不去，只是称病不上朝。有人中伤他要作乱。勾践赐给他一把剑："您教给寡人攻伐吴国的七条计策，寡人只用三条就打败了吴国，另外四条还在您手里，您替我去先王面前试试它们吧！"文种只能自杀。（《史记·越王勾践世家》）

达到目的的勾践，不必再演戏，尽显流氓本色。

历史的吊诡在于，勾践们从流氓摇身一变为励志榜样，仅为成王败寇使然？

公元前202年，乌江边，无颜见江东父老的项羽，弃马，与追兵血战，斩杀多人，挥剑自刎。

随项羽的身躯倒在血泊中的，是最后的勇士精神。

这一年，刘邦统一天下。往儒生帽子里撒尿的他，生动地诠释了马基雅维利的话："一个君主被人惧怕比起被人爱，更为安全些。"

而这个民族的文化基因，在贵族、士人的大败局中悄然改变。

"兴亡瞬息同儿戏，从此英雄不愿生。"

03

——

臣谏

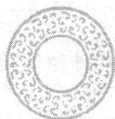

石头为什么说话？

晋平公与群臣饮，饮酣，乃喟然叹曰："莫乐为人君！惟其言而莫之违。"（《韩非子·难一》）

晋平公这话并不政治正确——瞧瞧某些人君，张口就是"民意莫敢违"，却也真性情得可爱。

平公忽然大惊失色——陪坐一旁的太师（乐官之长）师旷操琴撞来，他慌忙收起衣襟躲让。

在众人的惊呼声中，琴在墙壁上撞坏了。

侍卫们把师旷绑了。

平公气呼呼的："太师，您撞谁呀？"

师旷答道："刚才有个小人在胡说八道，我气得要撞他。"

平公苦笑："说话的是我呀。"

师旷说："哟，这可不是做国君的人应该说的话啊！"

大臣们都认为师旷犯上，请求平公惩办他。平公摇摇头："放了他，我要以此为鉴。"

师旷是个奇人，目盲，博学多才，尤精音乐，琴艺佳，善辨音。作为御用乐师，他颇得悼、平二公的信任，敢议政，时有精辟言论。

公元前 559 年，卫献公出亡。晋悼公提及此事，师旷借题发挥："良君将赏善而刑淫，养民如子，盖之如天，容之如地。民奉其君，爱之如父母，仰之如日月，敬之如神明，畏之如雷霆，其可出乎？夫君，神之主而民之望也。若困民之主，匮神乏祀，百姓绝望，社稷无主，将安用之？弗去何为？"

也不管悼公听得舒不舒服，师旷继续讲：上天让辅佐国君的人去保护、教育他，不让他做事过分。"善则赏之，过则匡之，患则救之，失则革之。"因此，太史直笔记史，乐师写作诗歌，乐工诵读箴谏，大夫规劝开导，士人立言，庶人骂娘，百工献艺，各行其道。

"天之爱民甚矣。岂其使一人肆于民上，以从其淫，而弃天地之性？必不然矣。"（《左传·襄公十四年》）

师旷搬出了天道，悼公就是想反驳也不好意思张嘴。

那年头，天还是蓝的，天道还是最大的政治正确。

师旷的政治智慧浓缩于《说苑·君道》的一段话里：

> 人君之道，清净无为，务在博爱，趋在任贤，广开耳目，以察万方，不固溺于流欲，不拘系于左右，廓然远见，踔然独立，屡省考绩，以临臣下。此人君之操也。

师旷的政治智慧还体现在以乐传道。

卫灵公访晋，经过濮水，住在宾馆。半夜里，灵公听到琴曲，问随从，他们都说没听到。灵公觉得奇怪，召见他的乐师师涓，说起这事。师涓一边听灵公哼那琴曲，一边把曲谱记下来，弹熟了。

卫灵公到了晋国，晋平公宴请他。酒酣耳热时，灵公说："我得了一支新曲，请为您演奏以助酒兴。"平公也是个超级乐迷，拍掌称好。灵公就让师涓取琴，弹起濮水之曲。

一曲未了，一旁的师旷甩袖制止："这是亡国之音，不要再弹了。"平公问他怎么回事，他说："这是师延为商纣王作的曲子，是靡靡之音。武王伐纣后，师延向东逃走，投濮水自杀，所以这首曲子必定得于濮水之上。听到此曲的国君要倒霉了。"

看来，当年扣在邓丽君头上的"靡靡之音"这顶帽子确实挺吓人的。

平公不管不顾："我就好这口，不听完会睡不着觉。"

师涓弹完曲子，平公喝彩："这是我听到过的最动人的曲子。"他瞧瞧师旷，"还有比这更动人的吗?"意思是要师旷把卫国同行比下去，给自己长脸。

师旷回答："有。"

平公说："赶紧弹啊。"

师旷直视他："必须德行深厚的人才能听此曲，您还不能听。"

平公涨红了脸："我今天听定了!"

师旷开始弹琴。一支曲，弹两遍。

第一遍，有十多只千年玄鹤飞集堂下廊门前;第二遍，玄鹤开始伸长脖子鸣叫，还随琴声展翅起舞。

平公得意扬扬，起身为师旷祝酒："再没有比这更动人的曲子了吗?"

师旷说："有。过去黄帝合祭鬼神时奏的曲子比这更动人，只是您德义太薄，不配听，听了将有败亡之祸。"

平公脸色一沉："我都这把年纪了，还在乎败亡吗？"

师旷又弹起来。一支曲，弹两遍。

第一遍，西北天际忽现白云；第二遍，狂风暴雨铺天盖地，瓦片横飞，路人慌逃。平公害怕了，躲到角落里。

随后，晋国大旱三年，平公衰病。

讲完这个有些怪力乱神的故事，《韩非子·十过》点评道："不务听治，而好五音不已，则穷身之事也。"

而《左传·昭公八年》里的一则怪力乱神，师旷的点评颇有些神谕的意味。

鲁昭公八年（前534）春，晋国的魏榆一地，发生了一块石头说话的怪事。

晋平公问师旷："石头为什么说话？"

师旷回答："石头自身不能说话，只可能是某种东西依托其上。否则，就是老百姓听错了或者是谣传。下臣听说，如果过度使用民力，人民满心怨怒无处申诉，就会有原本不能说话的东西说话。如今君上的宫室高大奢侈，民力凋敝，怨言四起，人民丧失常性，石头说话，不也是很合理的吗？"

当时，平公正在虒祁一地建造新宫室。晋国大夫叔向称赞师旷的话是"君子之言"，他预言，这座宫室建成，诸侯必然背叛，国君必有灾殃。这一点，"夫子知之矣"。

音乐须和谐，政治亦然，夫子知之矣。

民意莫敢违，夫子知之矣。

可惜，"其言而莫之违"的国君们，听不进夫子之道，也听不懂乐曲之魂乃至天意。"石头为什么说话"，遂成千古之问。

酒杯里的仁

"酒，就也，所以就人性之善恶。从水，从酉，酉亦声。一曰造也，吉凶所造也。"许慎在《说文解字》里把酒定性为善恶之顺应，吉凶之因由。

周公旦在《酒诰》中，甚至把酒视为大乱丧德乃至亡国之源。

"醉来赢得自由身"的酒神精神，是文人们的事儿。而君臣酒杯里的酒，每一滴都要讲政治伦理。

公元前 672 年，陈宣公杀了太子御寇。与太子交好的陈国贵族陈完担心祸及己身，举家逃到齐国，改姓为田。

齐桓公久闻田完贤名，请他做卿，被辞谢："作为羁旅之臣，能在宽厚的政治之下，得以免除罪过，放下恐惧，这是君上的恩惠。我所得的已经很多了，怎敢接受这样的高位而招来他人的议论?"桓公就让他担任了工正官（掌管百工技巧的官员）。

一天，桓公去看望田完，得美酒招待，喝得高兴。天黑了，桓公说："点上烛，继续喝酒。"田完辞谢："臣只知道白天招待君上，不知道晚上还要陪饮，不敢遵命。"

国君想多喝点酒都不肯陪，真是个不懂事的臣子。

君子们却赞扬田完："酒以成礼，不继以淫，义也。以君成礼，弗纳于淫，仁也。"（《左传·庄公二十二年》）这是说，喝酒是完成礼仪，喝得节制，是义，不让国君喝多，是仁。

不喝香艳酒，也是仁。

田完的后代齐威王有个客卿，名淳于髡，博学多才，能言善辩。威王在后宫宴请淳于髡，问："先生酒量怎样?"

淳于髡答："我有时喝一斗酒就醉了，有时喝一石酒就醉了。"

威王很好奇："先生喝一斗就醉了，怎么能喝一石呢?"

"大王赐酒给我，大臣们都看着，我一紧张，喝不到一斗就醉了。家里有客人来，我陪喝，喝不到两斗就醉了。朋友相见，肯定要喝酒，喝五六斗就醉了。"淳于髡笑笑，"乡里聚会，男女杂坐，成双成对，眉目传情，一边游戏一边把酒言欢，姑娘的耳环、发簪掉到地上而不知，此时，我喝上八斗酒，也不过两三分醉意。天黑了，男女同席，鞋子混杂，杯盘狼藉。堂屋里的蜡烛已经熄灭，女主人把别的客人送走，单单留下我，她绫罗短袄的衣襟已经解开，我能闻到她身上的香气，此时，我最开心，能喝下一石酒。所以说，酒极则乱，乐极则悲，万事尽然。"（《史记·滑稽列传》）

威王也就不好意思再狂喝滥饮，每开酒宴，都请淳于髡作陪。

在仁者的注视下，小小酒杯里，满满都是仁。

不仁，就该受罚。

公元前533年，晋卿知悼子死了，还没有下葬，晋平公就在寝宫里喝酒，嬖臣李调作陪，乐师师旷在一旁奏乐。

平公的宰夫（掌管国君膳食的小官）杜蒉进来，倒了一杯酒，递给师旷："干了这杯。"师旷虽有点摸不着头脑，还是喝了。

杜蒉又倒一杯，递给李调："干了这杯。"李调也喝了。

杜蒉再倒一杯，面对平公跪下，一口干了，快步出去。

平公喊他回来，一脸困惑："刚才我心想你可能要开导我，因此没跟你说话。你罚师旷一杯酒，是什么意思？"

杜蒉说："平常遇到子卯日尚且不奏乐（夏桀死在乙卯

日，商纣王死在甲子日，后代君王引以为戒，以子卯日为'疾日'，当天不奏乐），现在知悼子还在停灵，这比子卯'疾日'重要多了。师旷是乐官之长，他不告诉您这个道理，所以罚酒一杯。"

"你罚李调喝酒，又是为什么？"

"李调是您宠信的近臣，贪图吃喝，忘了提醒您，也要罚酒一杯。"

"你自己也喝了一杯，是酒瘾犯了吧？"

"我不过是个宰夫，不在厨房待着，却跑来当酒司令，在国君面前叽叽歪歪，所以罚自己一杯。"

平公叹道："我也有错，你也倒一杯酒来罚我吧。"

杜蒉把酒杯洗干净，倒了酒，高举酒杯，献给平公。平公一口干掉，对侍从们说："如果我死了，千万不要扔掉这酒杯啊。"

此后，人们说完祝酒词，都要像杜蒉那样高举酒杯，称这个动作为"杜举"。（《礼记·檀弓》）

鞭打国君

楚文王得到良犬和好箭，就带上它们到云梦泽打猎，三月不归；又得到丹地的美女，整整一年不上朝。

葆申板起脸对文王说："先王让我做太葆（即太保，监护与辅弼国君之官），经过占卜，卦象吉利。如今您的罪，应该施以鞭刑。"鞭打国君，是他的权力。

文王慌了："我从小就列位于诸侯，请您换一种刑法，不要鞭打我，行吗?"

葆申摇头："我敬受先王之命，不敢失职。您不接受鞭刑，就相当于我不遵从先王之命。我宁可获罪于您，不能获罪于先王。"先王牌，老先生打定了。

文王没辙："那就打吧。"

葆申拉过席子，文王趴上去，闭上眼，准备挨打。葆申把五十根细荆条捆在一起，跪着放在文王的背上，再拿起来，反复两次后，对文王说："请您起来吧！"老先生搞了个礼节性惩罚。

文王倒来劲了："反正有了受鞭刑的恶名，您索性真的打我一顿吧！"

葆申说："我听说，君子认为受鞭刑是一种耻辱，会悔过，而小人要受皮肉之苦才能改过自新。有了耻辱却不能改过，即使痛打又有何用？"

葆申快步离开朝廷，自我流放到深渊边上，请求文王治自己死罪。这当然是行为艺术的一部分，天下人都看着呢，谅你文王也不好意思当小人。

文王确实不好意思："这是我的过错，葆申有什么罪？"他召回葆申，杀了良犬，折了好箭，打发了美女，兼并小国，扩张疆域，戴罪立功。（《吕氏春秋·直谏》）

文王没想到，动鞭子的葆申消停了，又来了个动刀子的鬻拳。

文王举兵攻打蔡国，擒获了蔡侯，准备将其烹杀，祭献太庙。大臣鬻拳劝谏说，野蛮人才这么干，会被诸侯耻笑，如果放过蔡侯，并与蔡国结盟，既得盟友，又能让诸侯信服。

鬻拳嘴巴都说干了，文王就是不听。鬻拳急了，拔出剑来，架在文王脖子上："我宁可与您一同去死，也不愿见您失信于天下！"

文王吓得差点尿裤子，赶忙承认错误，命人撤下烹锅，放过蔡侯。

鬻拳扔剑，跪倒："大王能听臣子的劝谏，是楚国的福气。但为臣者胁迫国君，罪当万死。"他请求文王治罪于己。文王知他率直，并没有怪罪他的意思："寡人明白你是一片忠心，算了吧。"

"大王虽然赦免了臣，臣怎敢自赦？"鬻拳举剑，在众目睽睽之下，砍断了自己两只脚，忍痛大呼："人臣有无礼于君者，视此！"（太实在了，自罚三杯就是嘛）

文王感佩鬻拳忠贞，安排他做了都城城门守卫官。

公元前675年春，楚国和巴国打仗，楚军战败，文王带着残部连夜逃回都城。

城门紧闭。城外一帮人使劲叫门，鬻拳却不让手下开门。他在城头冲文王喊："巴国是个小国，大王都打不过，有何面目见先王？"

文王气得发疯，却无可奈何，只好领着一帮人掉头去打黄国。这次虽然打了胜仗，文王却在回师途中病死。

办完文王的丧事，鬻拳自杀身亡。（太傻了，换个地方当官就是嘛）

楚人把鬻拳安葬在文王墓的地宫前庭，让他在那边继续教育文王。（《左传·庄公十九年》）

教育国君的方式有很多种，晋国中军将先轸用了一招很俗却很管用的。

公元前 627 年春，崤之战，秦将孟明视、西乞术、白乙丙被晋军俘虏。晋襄公的嫡母怀嬴是秦穆公的女儿，她劝襄公将三名秦将释放回国，让秦国去惩罚他们，以免两国结怨过深。襄公答应了，将三人释放。

先轸朝见襄公，问起秦国囚犯，襄公告诉他，已经释放了。先轸勃然大怒："将士们浴血奋战，费了九牛二虎之力才在战场上擒获敌军主将，可转眼之间，妇人几句巧言就能让他们得到赦免。像这样自毁战果，长敌人志气，晋国离灭亡不远了！"先轸越说越气，当着襄公的面，头也不回，狠狠往地上啐一口唾沫，离开了。

襄公脸上发烧，急忙派人追赶三名秦将，但为时已晚，他们已经过了黄河。

事后，襄公大度，不追究先轸的严重失礼，甚至就释放战俘一事向他道歉。冷静下来的先轸开始深深自责。

同年秋，狄人犯晋，先轸领兵御敌。大败狄军之后，先轸说："一个普通人在国君面前放肆而没有受惩罚，哪敢不惩罚自己？"他脱下头盔冲入狄军，战死，尸体屹立不倒，狄人以为神降，问他愿意葬在狄还是晋，问到晋时，尸体才倒下。先轸的首级被狄人送回晋军，其面色犹如活人。（《左传·僖公三十三年》）

襄公很感动，让先轸的儿子先且居继任中军将。

那年头，当个国君可不容易，搞得不好就被臣子吐口水甚至鞭打，还得忍气吞声高姿态。君臣相见，臣向君施礼，君也要向臣施礼。国君卑己尊臣，是为常态。

很大程度上，这是由分封制下君臣的实力对比所决定的——国君不过为大领主，而重臣有食邑、家兵，钱袋子、枪杆子在手，可废君另立。

另一方面，在"三老五更"敬老礼制下（"三老""五更"由长者充任，天子以父兄之礼养之），老臣在大度的国君面前可以倚老卖老。

更重要的是，向权力说真话的士人传统，得到全社会的尊崇。肯听真话，成为贤君的标志之一。

而秦始皇称帝后，封建社会逐渐瓦解，皇权独大，君臣力量对比的天平大大倾斜，政治尊卑文化悄然转变。始皇帝心安理得地接受百官跪拜，只向自己的授业师及"三老五更"等个别人行礼。

秦以降，臣子在皇帝面前，身段越来越低。康有为对这一变化的概述是："汉制，皇帝为丞相起，晋、六朝及唐，君臣皆坐。惟宋乃立，元乃跪，后世从之。"

明清之际，皇权专制登峰造极，臣彻底变为奴。

鞭子，从此打向说真话的人。

为国死，不为国君死

　　东郭姜是个美女，嫁给齐国棠邑大夫棠公为妻。东郭姜的弟弟东郭偃，是齐国大夫崔杼的家臣。棠公死，东郭偃为崔杼驾车去吊唁。崔杼看上了寡妇东郭姜，把她娶进门。

　　齐庄公姜光也看上了东郭姜，与她私通，经常到崔家去。给崔杼戴了绿帽子不说，还拿走崔杼的帽子，赏给别人。侍者劝庄公别这么公然耍流氓，庄公恬不知耻地说："不用崔子的帽子，难道就没有别的帽子了？"

　　曾经扶立庄公的崔杼，恨不得剥了庄公的皮。他拉拢曾被庄公鞭打的侍者贾举，准备找机会杀死庄公。

　　公元前548年夏，庄公设享礼招待来朝见的莒国国君，崔杼称病告假。第二天，庄公以看望崔杼的名义又去崔家，与东郭姜幽会。

庄公进门前，东郭姜入内室，和崔杼一起从侧门出去。

没有意识到已入圈套的庄公一边拍柱唱歌，一边等待情人。

大门外，贾举禁止庄公的随从入内，自己走进去，关上门。

门内，埋伏的甲兵一哄而起。庄公吓得面如土色，登上高台，请求免死。众人不答应。庄公又请求在太庙自杀，众人仍不答应。庄公翻墙逃走，被一箭射中大腿，掉在墙内。众人杀死了他。

上大夫晏婴听到消息后赶来，站在崔家门外。

手下人问他："您打算死吗？"

晏子摇头："是我一个人的国君吗？我干嘛死啊？"

"您打算逃走吗？"

"我有什么罪过？我为什么要逃？"

"您回去吗？"

"国君死了，我回到哪儿去？一国之君，难道能凌驾于百姓之上？君主的职责是主持国政。君主的臣子，岂是仅仅为了俸禄？臣子的职责是保护国家。如果君主为国家而死，臣子就该随他而死；如果君主为国家而逃亡，臣子就该随他而逃亡；如果君主为他自己而死，为他自己而逃亡，不是他宠爱的人，谁会去担这份责？"

说完这番话，晏子坚定地站在那里。

这位了不起的政治家，点明了一个重要的政治常识——国家并非只是统治者的，爱国不等于爱国君、爱朝廷。

后来，梁启超说得更为透彻："今夫国家者，全国人之公产也。朝廷者，一姓之私业也。国家之运祚甚长，而一姓之兴替甚短。国家之面积甚大，而一姓之位置甚微。"

陈独秀进一步提出："我们爱的是国家为人民谋幸福的国家，不是人民为国家做牺牲的国家。"

晏子当然不肯为自取灭亡的庄公作牺牲。

大门开了，晏子进去，头枕在庄公尸体的大腿上号哭几声，起身，一再顿足，离去。面对一个不体面死去的国君，这是作为臣子不失礼且不失分寸的哀悼。

有人对崔杼说："一定要杀了晏子！"崔杼摆摆手："他是百姓寄予希望的人，放了他，可以得民心。"

崔杼扶立庄公之弟姜杵臼即位，是为齐景公。崔杼当了相国，庆封出任左相，与大臣们在太公的宗庙结盟。眼见其他人都依附了崔杼和庆封，晏子仰首叹道："婴只依附忠于君利社稷者，有上天为证！"众人歃血。

晏子出于现实考虑的选择，有个底线——忠于君，利社稷。

这也是史官的底线。

齐国太史记载："崔杼弑其君。"崔杼杀死了太史。太史的弟弟接着写："崔杼弑其君。"崔杼也把他杀死。太史的另一个弟弟继续写："崔杼弑其君。"崔杼又把他杀死。太史还有一个弟弟，还是写："崔杼弑其君。"崔杼只好作罢。

一位齐国以南的诸侯国史官拿着写了"崔杼弑其君"的竹简前来，听说已经如实记载，才回去。（《左传·襄公二十五年》）

史书的血色中，这凛然一幕，撼人心魄。

"在齐太史简，在晋董狐笔。"史官传统，不绝如缕。

正因有史官的秉笔直书，我们才知道有那么一些国之臣，不做一家一姓之臣，为国死，不为国君死。

04
—
政事

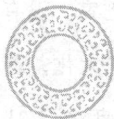

川不可防，言不可弭

"谣言必须打，打击须依法，严防扩大化！散布谣言的客观后果要足以引起群众恐慌，干扰了国家机关以及其他单位的正常工作，扰乱了社会秩序，才能适用治安处罚法，而一些歪曲历史事实的谣言，没有扰乱公共秩序。子产不毁乡校。打击造谣要防扩大化，若人人噤若寒蝉，道路以目，显然是噩梦。"2013 年 8 月 31 日晚，广州市公安局官微发了这样一条微博。

这条微博被广东省政法委、广东省高级人民法院、人民网舆情监测室等机构官微和网民广为转发。"子产不毁乡校"这个《左传》中的典故一时间火爆全网。

郑人游于乡校，以论执政。然明谓子产曰："毁乡校，何如?"子产曰："何为? 夫人朝夕退而游焉，以议执政之善否。其所善者，吾则行之；其所恶者，吾则改之。是吾师也，若之何毁之? 我闻忠善以损怨，不闻作威以防怨。岂不遽止? 然犹防川也：大决所犯，伤人必多，吾不克救也；不如小决使道，不如吾闻而药之也。"（《左传·襄公三十一年》）

子产的告诫，与《国语》里召公因为"国人莫敢言，道路以目"而劝谏周厉王的话如出一辙："防民之口，甚于防川；川雍而溃，伤人必多。民亦如之。是故为川者，决之使导；为民者，宣之使言。"

"子产不毁乡校"，美好得像一个遥不可及的童话。唐代的韩愈心向往之，写下《子产不毁乡校颂》，第一句就是"我思古人，伊郑之侨（子产名侨）"。他在文中重申了那条重要价值："川不可防，言不可弭。下塞上聋，邦其倾矣。"

因言获罪，是所有罪恶的起点。而容忍真话，是政治文明的起点。

"言者有功，闻者受益"，正是"子产不毁乡校"的现代诠释。它应该落实到公共生活的点滴细节里。

天道远，人道迩

郑国大夫裨灶是个先知般的人物，曾经准确预言蔡国国君被其子谋害、周天子和楚王同一年死去、陈国被灭后重新封国等事件。

公元前 525 年冬，彗星在大火星旁边出现，裨灶又做出预言：宋、卫、陈、郑四国将在同一天发生火灾。他对郑国执政卿子产说，如果用瓘斝玉瓒（珍贵玉器）祭神，郑国就可以躲过火灾。

子产没理会他。

第二年夏天，风很大，宋、卫、陈、郑真的在同一天陷入火海。

裨灶放出话来："不采纳我的意见，郑国还要发生火灾。"

郑国人慌了，恳求子产按裨灶说的办。

子产不同意。

郑卿子太叔急劝子产："宝物是用来保护百姓的。再来一场火灾，国家就完蛋了，您为什么还要爱惜这点宝物？"

子产说："天道远，人道迩，非所及也，何以知之？"（《左传·昭公十八年》）

老天爷离我们太远了，而人间事近在眼前。人间的生老病死、喜怒哀乐跟自然界的规律、法则并不相关，如何由天道而知人道？

子产又说，裨灶哪里懂得天道？这个人的话说得多了，难道不会有碰巧说中的时候？

他还是不拿出璀玗玉瓒祭神。而火灾，也没再发生。

也许，神是被子产的救灾赈灾努力感动了：火灾发生后，他派府人（国库管理员）和库人（兵库管理员）看守仓库，司马（军法官）和司寇（刑法官）到处救火。他还派人登记被烧毁的房屋，减免灾民的赋税，发给他们盖房的建筑材料。同时，遣人向各国通报灾情。为期三天的全国哀悼日，国都的市场闭市。

这样的人道做法，得到了宋国和卫国的效仿。而陈国不救火，许国不慰问灾民，舆论便认为这两个国家不久就会灭亡。

人民最大。是否行人道，决定着一个政权的合法性与存亡。

行人道，便要说人话，做人事。

火灾后第二年，郑国又发生了水灾，人们传说有龙在城门外的洧渊打架，请求子产举行禳灾求福的祭祀。子产说："我们打仗，龙不看；龙打架，我们为什么要去看？我们无求于龙，龙也无求于我们。洧渊原本就是龙的地盘，由它们打吧，祭祀有什么用？"（《左传·昭公十九年》）

在子产看来，人比神重要，而祭祀应该是一种人道仪式。那场火灾之后，他祭祀了火神和水神，迁走宗庙里的神主和大龟，还修筑土地神庙。他深知，灾害面前，最大的人道是安定人心。

人心是这片土地的根。

政治家的分寸感

子产生了病，自知不治，对将要继其位为执政卿的子太叔说："只有有德行的人才能用宽大来使百姓服从，退而求其次，不如严厉。火势猛烈，百姓看着就害怕，所以很少有人死于火。水性懦弱，百姓轻视它，玩弄它，很多人就死在水中。所以宽大不容易。"

子产去世后，子太叔执政，不忍心严厉，奉行宽大政策。结果，郑国出现了很多盗贼，聚集在芦苇丛生的湖泽。子太叔后悔不已："我早点听从子产他老人家的话，就不至于到这一步了。"他发兵攻打盗贼，把他们全杀了。

孔子听说此事后，一番感慨："过于宽大，百姓就怠慢，就要用严厉来纠正；过于严厉，百姓就受到伤害，就要实施宽大政策。用宽大调节严厉，用严厉调节宽大，政事才能调和。"

子产之死，让孔子流泪了："他的仁爱，是古人流传下来的遗风啊。"（《左传·昭公二十年》）

子产的仁爱，实际上是一种顺应政治伦理的分寸感。

作为郑穆公之孙，贵族子国之子，从小就有过人政治天赋的子产，这种分寸感的拿捏总是恰到好处。

公元前 565 年，子国伐蔡成功，举国欢庆，只有少年子产不以为然：一个小国，不修文德而治武功，没有比这更能招来大祸的了。蔡国是大国楚国的附庸，难道楚人忍得下这口气，不会来报复郑国？到时候，打得过人家吗？如果顺从了楚国，楚国的死对头晋国肯定不干，也来打郑国，这片土地还有安宁吗？

子国脸上挂不住，斥责儿子："你一个小孩子懂什么！"

后来的事态，被子产不幸言中：楚、晋轮番伐郑。

两年后，一场内乱中，子国和执政卿子驷同时被杀，郑简公也被劫持。子产闻讯，镇定自若，先派人把守城门、府库，再招集家臣属吏，亲率兵车平叛，尽杀乱党。

不惹事，不怕事，这就是分寸感。

公元前 543 年，子产开始在郑国执政。他搞改革，明晰土地产权和税制，作封洫（区分田界的水沟），作丘赋

（一方里为井，十六井为丘，以丘作为征发军用牲畜的单位）。

改革触动既得利益之后，骂声四起。作封洫，有人编了歌谣：算我的家产好收费，量我的耕地好收税。谁要能够杀子产，我就跟他去站队！作丘赋，也有人编了歌谣：老爹变成冤鬼，自己去做蝎尾！此人发号施令，邦国悔无可悔！

> 子产曰："何害？苟利社稷，死生以之。且吾闻为善者不改其度，故能有济也。民不可逞，度不可改。《诗》曰：'礼义不愆，何恤于人言。'吾不迁矣。"
>
> （《左传·昭公四年》）

"苟利社稷，死生以之"的激情之外，"民不可逞，度不可改"的铁腕，保证了改革的推行。

改革收到了成效。老百姓尝到甜头之后，又有人编了歌谣：我的子弟，子产教诲；我的粮产，子产加倍。子产死了，谁来接位？

民情如此，千年未变。

改革，尊重民意，但不刻意迎合民意，这就是分寸感。

外交中的分寸感，更考验着一个政治家的智慧。

晋国正卿韩宣子到郑国访问，公务之外有件私事：他拥有一对玉环中的一只，另一只在一个郑国商人手里，他很想借这次出访之机把它搞到手。

韩宣子向郑定公请求得到那只玉环。子产听说后，直接回绝韩宣子："这不是公家府库里的东西，寡君不知道而已。"

子太叔等人生怕得罪了韩宣子，劝子产："人家是大国之相啊，要求也不算太过分，您为什么为了一只玉环而去招惹大国？为什么不去找来给他？"

子产回答："我听说君子不怕没有财物，而是担心没有好名声。我又听说治理国家不怕不能事奉大国、扶助小国，而是担心没有安定社会的礼仪。如果大国对小国的要求次次都得到满足，何时是个头？这次满足了，下次不满足，罪过更大。大国的要求，如果不合乎礼，就应该拒绝。小国如果像大国的边邑一样有求必应，那就失去作为一个国家的地位了。这次韩宣子奉命出使却来求取玉环，他的贪婪，难道不是罪过吗？我们因为满足他的无理要求而失去国家的地位，难道不是罪过吗？"

韩宣子找到那个商人，要买那只玉环。商人同意了。

成交之后，商人说，这事还得告诉子产先生。

韩宣子去见子产："前些时候，我请求得到这只玉环，您认为不合道义，所以不敢再次请求。现在我在商人那里买到了，商人说一定要报告这件事，谨敢以此作为请求。"

子产说："从前，我们的先君桓公和商人们曾有盟誓，誓词说：你不要背叛我，我不要强买你的东西，不要乞求，不要掠夺；你有赚钱的买卖和宝贵的货物，我不过问。这一盟誓传到了今天，大家一直遵守。现在您带着友好的情谊光临敝国，却告诉我们可以去强夺商人的东西，这是教导敝国背叛盟誓，恐怕不可以吧？如果得到玉环而失去诸侯的信任，那您一定是不干的。如果大国有命令，要我们没原则地供应，那就是把郑国当成了大国的边邑，我们也是不干的。我真不知道，您带走玉环有什么道理和好处，谨敢私下向您陈述。"（《左传·昭公十六年》）

这番话，柔中带刚，晓以利害，韩宣子无法反驳，只好把玉环退了回去。

围绕这只玉环展开的，是硬实力和软实力的较量。所谓软实力，就是公认的政治伦理。来硬的，绝对不行；来软的，咱们有话好好说，看谁不占理，丢面子。这就是分寸感。

无论为政还是为人，境界之高低，很大程度上取决于分寸感。

　　回到孔子那里，分寸感不仅是"过犹不及"，还是"乐而不淫，哀而不伤"，更是"己所不欲，勿施于人"。

　　但孔子不会想到，他死后，一会儿是"至圣先师"，说的话句句真理；一会儿是"老顽固孔老二"，"罪恶的一生"都上了连环画。

强拆与鬼城

《左传·襄公三十一年》记载，公元前 542 年，郑国执政卿子产陪同郑简公出访晋国。晋平公没有会见郑简公。

晋郑同为姬姓诸侯国，虽然晋强郑弱，不过按照外交对等原则，对方国君来访，这边的国君不露面，是为失礼。

子产做出惊人之举：他派人将国宾馆的围墙全部拆毁，在空地上安放一行人的车马。

晋国大夫士文伯责备子产："敝国由于政事和刑罚不够完善，到处都是盗贼。由于敝国是盟主，诸侯的属官来向寡君朝聘，因此寡君派官吏修缮国宾馆，加高大门，增厚围墙，以防盗贼，不让来宾担忧。现在您拆毁了围墙，虽然您的随从能够戒备，但是别国的宾客怎么办？"

子产从容回答："由于敝国地方狭小，夹在大国之间，而大国索取贡品又没个准儿，因此寡君不敢安居，尽量搜索敝国财物，以便随时来朝会。这次来，碰上贵国国君没有空闲，而没能见到；又得不到命令，不知什么时候才能见。我们不敢献上财礼，也不敢让它们日晒夜露。如果奉献，那它们就是贵国国君府库中的财物，必须经过在庭院里陈列的仪式；如果让它们日晒夜露，它们就有可能朽坏，这不是加重敝国的罪过吗？我听说晋文公做盟主的时候，宫室矮小，连个观景台榭都没有，却把接待诸侯的宾馆建得又高大又漂亮，好像现在贵国国君的寝宫一样。晚上，宾客来了，有人点起火把照明，有人四处巡逻保证安全；车马有安置场所，车马管理员为车轴加油，宾客的随从有人替代服役；各部门官吏各自陈列属于该部门的礼品。文公安排好宾主的公事，急宾客之所急，想宾客之所想，宾客不知道的就指导，做得不周到的就体谅。宾客来到晋国，就像回到家一样。现在呢，贵国的宫室绵延数里，而诸侯住在像奴隶住的屋子里，门口进不去车子，又不能翻墙而入。盗贼公开活动，传染病四处传染。宾客进见贵国国君，贵国国君发布接见的命令，却没有确定的时间。如果还不拆毁围墙，那就没有地方收藏财礼，要加重罪过了。如果能够奉上财礼，这是贵国国君的恩惠，我们愿把围墙修好了再走。"

这番话，滴水不漏，暗藏锋芒。

士文伯回到朝廷汇报此事。执政卿赵武说："子产说得对。用住奴隶的房屋去接待诸侯，这是我们的罪过啊。"他派士文伯去向子产表示歉意。晋平公会见了郑简公，礼仪有加，举行隆重的欢迎宴会，回赠的礼物更加丰厚。晋国还新建了接待诸侯的宾馆。

因为有理有节，弱势方的一次强拆，让强势方知晓其过，公道回来了，双赢。当然，双赢的前提是双方在共同的伦理体系和话语体系内，可以对话而非对打，可以用文明来说服对方。

文明的一个具体表现是：充分尊重私有财产，即使为了公共利益，可拆可不拆时，坚决不拆。

公元前530年，郑简公去世。为了便于运棺、安葬，一些人开始清除通往墓地道路上的障碍。路边有一座游氏的祖庙，清道人员准备拆毁它，被郑卿子太叔阻挡："子产经过这里，如果问为什么不拆，你们就说，不忍毁掉祖庙啊。"

子产来了，清道人员按照子太叔教的说了一番，子产就吩咐他们别拆游氏的祖庙，让运柩线路避开它。

一个新问题出现了：管理坟墓之人的房屋，有位于当路的。拆了，简公的灵柩就可以在早晨下葬；不拆，要到中午才能下葬。

子太叔请求拆了它："不拆，各国的宾客就等得太久了。"

子产不同意："各国的宾客大老远跑来参加我国的丧礼，难道会在意多等半天？不拆，维护了百姓的利益，对宾客也没有损害，为什么要拆？"

那座房屋保住了。简公灵柩下葬延迟至中午。

人们评价此事："子产于是乎知礼。礼无毁人以自成也。"（《左传·昭公十二年》）

"君子不犯非礼"，这是晏子的说法。为了"不犯非礼"，他拆了自己的房子。

齐景公要为晏子更换住宅："您的住房靠近市区，低湿狭小，喧闹多尘，您住那儿太委屈了，请您换到高大明亮的房子里去吧。"

晏子辞谢："国君的先臣住在那里，下臣的德行不足以继承祖业，住在里边已经过分了。而且那房子靠近市场，买东西很方便，没必要换。"

景公笑道："您靠近市场，知道物价的贵贱吗？"

"怎么会不知道呢？"

"什么贵？什么贱？"

当时，齐景公滥用刑罚，很多人被砍去双腿。晏子回答："假腿贵，鞋子贱。"

景公于是减轻了刑罚。

后来，晏子出使晋国，景公趁他不在，派人把他的房子连同其邻居的房子强拆了，开建高大宽敞的新房。

晏子回来时，新房建造已经完工。晏子拜谢景公后，找人拆毁了新房，重建自己和邻居的房子，恢复如初，让邻居回来。他认为这才合乎礼。（《左传·昭公三年》）

礼，是一种适宜的分寸。失了分寸，惹祸上身。

《左传·僖公十九年》记载了一个这样的例子：梁国扩充了疆土，筑了很多城邑，名之为"新里"，但这么个小国，根本没有那么多人去住，那些空荡荡的"新里"成了鬼城。由于政府大兴土木，老百姓被折腾得不轻，无法忍受，纷纷传言说，敌人要来了。一些人在国君的宫室外挖沟，公开声称："秦国军队将要袭击我国。"老百姓害怕，溃散。结果，秦国人真的来了，不费吹灰之力就占取梁国。

《左传》评论说，梁国灭亡，"自取之也"。

鲜血凝成的秦晋之好

秦晋之好，这词儿写在赵钱孙李的婚礼请柬上，看着就觉得美好。

当初，秦穆公接手秦国时，中原诸君，没有多少人愿意跟他交好。

秦，地处西北，地广物博。因与戎狄相近，融合了对方的一些习俗，在很长时间内受到中原诸国的歧视，视其为未开化的野蛮之地。

晋与秦相邻，姬姓大国。对秦穆公来说，与晋通婚，是跻身国际政治舞台进而称霸的不二之选。公元前 654 年，秦穆公如愿娶得晋献公的女儿伯姬。

秦晋好上了。

更多出于政治考虑的诸侯结亲，虽为惯例，于穆公，处在秦国当时的地位，不免有点感恩之情。

这是一个重情重义之君。

晋献公年老昏聩，在继承人问题上处理不当，引发内乱，献公的两个儿子重耳和夷吾分别逃往翟国和梁国避难。

献公死后，夷吾请求秦穆公支持其归晋夺位，许诺"以晋河西之地与秦"；又求助先后杀掉新君奚齐、卓子，逼死托孤大臣荀息的晋国权臣里克，许诺"封子于汾阳之邑"。

穆公发兵送夷吾归晋。在里克的支持下，夷吾即位，是为晋惠公。

这是一个无赖之君。

他赖掉对穆公的许诺："大臣们说，先君的土地，我没资格擅自许给秦国。我和他们力争也没有用。"穆公隐忍，这事就这么算了。

他赖掉对里克的许诺："因为您，我才得以顺利即位。不过，您毕竟杀了两个国君和一个大夫，作为您的君主，我真是很难办哪。"里克听懂了，长叹："欲加之罪，其无辞乎？"遂伏剑而死。

晋惠公夷吾与信守诺言、对楚人"退避三舍"的晋文公重耳相比，虽为兄弟，做人的差距，实在有点大。

晋惠公四年（前647），晋国发生饥荒，向秦国求购粮食。秦穆公虽然看不惯晋惠公，但念于"其君是恶，其民何罪"，出手相助。从秦都雍到晋都绛，八百里水路，输粮船只，首尾相连，史称"泛舟之役"。

第二年，轮到秦国饥荒，穆公派人到晋国请求购粮，晋惠公居然不同意。当着他的面，大夫庆郑和惠公的舅舅虢射有一段争论：

> 庆郑曰："背施无亲，幸灾不仁，贪爱不祥，怒邻不义。四德皆失，何以守国？"虢射曰："皮之不存，毛将安傅？"庆郑曰："弃信背邻，患孰恤之？无信患作，失授必毙，是则然矣。"虢射曰："无损于怨而厚于寇，不如勿与。"庆郑曰："背施幸灾，民所弃也。近犹仇之，况怨敌乎？"弗听。退曰："君其悔是哉！"（《左传·僖公十四年》）

一边是合乎人性与正义的君子之道；一边是不要脸的存活之计——反正已经做了恶人，没有脸了，偶尔做一回好事，有毛用？不如不要脸到底，"卑鄙是卑鄙者的通行证"。

两种逻辑的交锋，君子之道败下阵来。

不幸的是，这是人类历史的常态。

晋惠公六年（前645）春，秦国度过饥荒，忍无可忍的秦穆公发兵伐晋。

秦晋见血了。

晋军连连败退。惠公慌了，问庆郑："敌人深入了，怎么办？"庆郑冷冷地说："是国君您招他们深入的，还能怎么办？"

当年九月，秦晋两军在韩原交战。晋军败逃，晋惠公被俘。

晋国的几位大夫如丧考妣，披头散发，追着惠公的囚车跑。秦穆公派使者对他们说："你们几位为什么这么忧愁啊？寡人跟随晋国国君往西去，只不过实现晋国的妖梦罢了，难道敢做得太过分吗？"

打了胜仗的穆公，像个调皮的孩子。

穆公回到秦国，却垂垂老去。夫人穆姬（即伯姬，从夫谥），惠公的同父异母姐姐，领着儿女登上高台，踩着柴草。她派使者捧丧服迎接穆公："上天降下灾祸，让我两国国君不是以玉帛相见，而是兴动甲兵。如果晋国国君早晨进入国都，我就晚上自焚；如果晚上进入，我就早晨自焚。

请国君裁夺。"

秦穆公不忍，把晋惠公拘留在灵台。他对大夫们解释说："俘获晋侯，当然是好事，但一回来就要发生丧事，打了胜仗又如何？而且，晋国人用忧愁来感动我，用天地来约束我。如果不考虑这些，就会加深晋人对秦国的愤怒；如果不履行自己的诺言，就是违背天地。"

敬畏天地，敬畏人心，为人君者，几人做到？

秦晋开始和谈。秦穆公问晋国代表阴饴甥："晋国国内和睦吗？"

阴饴甥的回答很策略："不和睦。小人以失掉国君为耻辱，因亲人战死满怀恨意，立誓报仇，就算事奉戎狄也在所不惜；君子虽然为国君的遭遇而难过，但他们知道此事罪在国君本人，是我们理亏，因此努力保持冷静，等待秦国的决定。"

"晋国人认为贵国国君会是怎样的命运？"

"小人忧愁，认为他不会被赦免；君子宽心，认为他一定会回来。小人说，我们得罪了秦国，秦国怎么能让国君回来？君子说，我们已经认罪了，秦国一定让国君回来。有三心二意，就抓起来；服了罪，就释放他。德行没有比这再宽厚的了，刑罚没有比这再威严的了。服罪的怀念德行，有三心二意的害怕刑罚。这正是霸主的恩威之道啊。经此一役，秦国可以称霸诸侯了。让寡君回国而祸害他，甚至废掉他，变恩惠为怨恨，秦国不会这么做吧?"

"当然不会。"

霸主一说，说到了穆公的心坎上。秦晋之好，不就是源于图霸之心吗? 图霸，不就得讲讲合法性，讲讲礼与义吗? 正因如此，门当户对时，秦晋之好，无关爱情，却不得不爱；头破血流后，床头打架床尾和。

秦穆公改善了对晋惠公的待遇，让他住在宾馆里，并赠送他侯伯享用的七牢之礼 (牛、羊、猪各七头)。

十一月，晋惠公获释。他一回国，就杀了庆郑。

这一年，晋国又发生饥荒，秦穆公送来粟米，理由是"吾怨其君而矜其民"，"姑树德焉，以待能者"。(《左传·僖公十五年》)

晋惠公八年 (前643)，根据约定，惠公将太子子圉送往秦国作人质。秦晋间又一例政治婚姻出现：秦穆公把女儿怀嬴嫁给了子圉。

五年后，晋惠公生病，子圉逃归晋国，怀嬴不跟他一起走。后来，她又被穆公安排嫁给了流浪至秦的重耳，并随其归晋。

晋惠公十四年（前637），惠公死了，子圉继位，是为晋怀公。

第二年，秦穆公派兵护送他心目中的能者重耳返回晋国，助其立为国君，是为晋文公。

秦晋之好，焕发第二春。在位八年，晋文公成就霸业。

晋文公一死，秦晋又开战。前两仗，晋胜；后一仗，秦胜。秦穆公成就霸业。

秦穆公三十九年（前621），穆公去世。终春秋之世，他的继承者，均无大作为，秦国复归沉寂。

而晋国，盟主百年，卿族坐大。公元前403年，三家分晋。

后来，经商鞅变法，秦国崛起，逐渐拉大与赵、魏、韩等国的实力差距。

当实力不再对等，强者便扯掉温情脉脉的面纱，用拳头说话。

秦晋之好的如烟往事，彻底消逝于长平之战的累累尸坑里。

一个血写的时代开始了。

如今，写在婚礼请柬上的"秦晋之好"，文绉绉的。人之高贵，在于能从历史的血泊中抽离丑恶，留住美好。

野蛮人也有春天

公元前 706 年，楚国国君熊通挥师讨伐随国。随侯吓得腿软："我没有罪过呀，为什么打我？"熊通大大咧咧地说："我们是中原诸侯眼中的野蛮人，而现在他们都背叛天子互掐，真是过分。我也有一支不像样的队伍，想参与中原的政事，让周王室尊封我名号。"他要挟随侯替他去找周天子说说这事。

这熊通，就像幼儿园里想得大红花的娃娃，不直接找老师要，而让其他小朋友帮忙要，真不怕被大孩子笑话。

随侯怕挨打，照办不误，派遣使者向周天子进言，请求封楚国国君名号，却被骂了回来："熊通求封，关你屁事！"

随侯将实情通报楚国。熊通大怒："我的祖先鬻熊，那可是当过周文王的火师（祭祀时持火之人）的。周成王提举我的先公，竟然只封他子爵，把他安置在楚地。后来，蛮夷部族都顺服于楚国，周王室却不提升楚君的爵位。好吧，他不封，我自己封！"（《史记·楚世家》）

熊通当即自封王号。唐代的司马贞在《史记索隐》里说道，熊通"僭号曰武"。一个"僭"字，鄙夷之情显露无遗。

楚武王称王，开诸侯僭号称王之先河。而周王室日渐衰微，对此无可奈何。

武王以降，楚国的国君都称王。哼，"我蛮夷也"，才不管你们瞧不瞧得起。

当然，就像帝制时代的俄国上流社会以说法语为时髦一样，楚国人也积极融入中原文化，一点点扭转中原人对他们的旧印象。楚国由是崛起为真正意义上的大国。

当时，与楚国同处南方的吴、越两国，仍是一番蛮夷形象：人们"断发文身""徒跣不履"，也即头发剪短，身上刺青，光脚不穿鞋。至于礼乐，更不成气候。吴王夫差伐齐，向鲁国索要牛、羊、猪劳军，面对孔子门生子贡的礼制教育，竟振振有词："我们是文身的野蛮人！"后来夫差又联合鲁国伐齐，为了表示鼓励，赐给鲁国司马州仇甲、剑、铍，把州仇弄得目瞪口呆，不知如何应对。因为按照中原礼仪，君赐臣剑，是要臣子自尽。最后还是子贡出来打圆场，代致答谢词："州仇奉甲从君而拜。"州仇这才叩头接受了赏赐。（《左传·哀公十一年》）

野蛮人的身份，一方面意味着招致轻视和嘲笑的落后，另一方面则意味着一种初生牛犊不怕虎的元气，一种没有太多条条框框束缚的自由。

公元前473年，被越军围困三年的吴国，夫差带谋臣和贵族逃到姑苏台上，派大夫王孙雒向越国求和。越国大夫范蠡见他时，左手提着战鼓，右手拿着鼓槌。这架势，让王孙雒心凉了半截。

王孙雒说，过去吴军攻打贵国，这是上天给吴国降下的灾祸。当时，吴王放了越王一马，现在请求越王开恩，恢复当年的友好。

范蠡答复："过去上天给越国降下灾祸，让越国落在吴国的手中，而吴国却不接受。现在上天反过来叫我们报复吴国，我王怎敢不听从上天的命令，而听从吴王的命令呢？"

"尊敬的范大夫呀！古人说：'无助天为虐，助天为虐者不祥。'现在我们吴国的稻子和螃蟹都被吃得精光，您还要助天为虐，不怕遭到厄运吗？"

"尊敬的王孙大夫呀！我们越国的先君，原是周王室不大够格的子爵，这才躲到东海之滨，与蜥蜴、鳄鱼、虾蟹、龟鳖、青蛙为伍。我们虽然长了一张人脸，实际上跟禽兽没什么区别，哪里听懂得你说的这些人话呢？"（《国语·越语下》）

这范蠡，拿野蛮人的身份当挡箭牌，谈笑间御敌于千里之外。

王孙雒都快哭了，重复了一遍"助天为虐不祥"的口水话，要求见越王勾践，被范蠡无情拒绝。

王孙雒只得告辞。范蠡擂响战鼓，率军灭掉了吴国。

后来，同样曾被视为蛮夷的秦人灭六国，一统天下。后来，五胡乱华。再后来，蒙古人、满人先后入主中原。

光脚不怕穿鞋的。

光脚的一旦洗脚上田，就不大瞧得起人了。

直到国门被西方人用大炮轰开，清廷上下仍然自信满满：那些蛮夷，凭什么胜我天朝上国？就连"睁眼看世界第一人"的林则徐，也曾把腿上有绑腿的"夷兵"视为怪物，认为他们有绑腿则无法弯曲膝盖，"一仆不能复起"，任人宰割。而且，常吃牛羊肉的"夷兵"，离了中国的大黄、茶叶，会消化不良而死。

后来，我们不得不"师夷长技以制夷"。

再后来，我们从"夷人"那里舶来一个商业概念——"门口的野蛮人"。(对于那些不怀好意的收购者，华尔街通常称之为"门口的野蛮人")

其实，每个族群的门口，都站着野蛮人。

影帝们

政治这碗饭，没有表演才能的没法吃。时无英雄，使影帝成名。

郑庄公叫"寤生"，意思是倒着生。这名是他娘武姜取的。武姜生庄公的时候，小家伙脚先出来，武姜就不喜欢他。后来武姜又生了共叔段，这回头先出来，她就偏爱这孩子。共叔段恃宠骄横，庄公为他生造了一个成语：多行不义必自毙。果然，后来武姜与小儿子共叔段密谋造反，被庄公镇压。庄公把他娘逐到外地，咬牙切齿："不及黄泉，无相见也。"事后，又有些后悔，到底是亲妈呀。不过，撂了狠话，再服软，面子上挂不住。还好，大夫颖考叔是个策划大师，生造了一个黄泉——挖个地道，注水，安排庄公和武姜在地道里相见，母子遂和好。庄公下"黄泉"时又生造了成语"其乐融融",差一点就开唱《世上只有妈妈好》。

郑襄公比他的先辈还会演戏。楚庄王率军包围郑国都城新郑,三个月后,攻进城去。楚庄王进了城门,郑襄公光着膀子牵着羊跪在路边,带哭腔地说:"我不为上天所保佑,不能侍奉您,您因此发怒,来到我国,这是我的罪过,我怎敢不唯命是听。您把我遗弃到南海吧,或者把我赐给诸侯为奴吧。您不会断绝郑国的祭祀,让我侍奉您好了,这是我的心愿,我不敢奢望能实现,只是大胆地向您表白一下。"郑襄公的这出苦情戏,把楚庄王感动得要掉泪:"您太客气了。"他不听手下人劝,下令部队退后三十里驻扎,与郑讲和。

楚庄王一贯尊重表演艺术家。楚国有个宫廷艺人叫优孟,令尹孙叔敖知道这人有两把刷子,临终时嘱咐儿子说:"今后你要是走投无路,就去拜见优孟,他会帮你。"过了几年,孙叔敖的儿子穷困潦倒,找到优孟,报上家门。优孟答应出手相助。他找裁缝做了一套与孙叔敖生前穿戴一模一样的衣服帽子,装备在自己身上,言谈举止也处处模仿孙叔敖。一年以后,这位特型演员成了孙叔敖第二。楚庄王举行酒宴,优孟去了,庄王看到他,大吃一惊,以为孙叔敖转世了，要任命他当令尹。优孟说，要回去和妻子商量商量，三天后答复。三天后，优孟去见庄王："我妻子不同意我当令尹。她说，孙叔敖身为令尹，忠诚廉洁，楚国得以称霸。结果他死了，他儿子穷得靠给人背柴过活。当孙叔敖这样的清官，有什么意思呀！"庄王脸红了，马上召见孙叔敖的儿子，封给他四百户的领地。

楚庄王有一匹心爱之马，穿刺绣，吃枣脯，住豪宅。后来，这匹马因为营养过剩，得肥胖症死了。庄王像死了亲儿子一样伤心，给马发丧，要以大夫之礼安葬（内棺外椁）。大臣们很不满，认为庄王在侮辱大家。庄王下令：再有议论葬马者，处死。优孟跑进大殿，哭得一把鼻涕一把泪。庄王问他为什么哭得像死了亲爹，优孟回答："宝马是大王的心爱之物，理应厚葬。堂堂楚国，地大物博，国富民强，要啥有啥，大王却只用大夫的规格安葬它，太薄待它了。我建议用君王的规格安葬它，用美玉做棺材，用梓木做外椁，用樟木作装饰，再派几千名士兵挖掘坟墓，让老人和孩子背土筑坟，让诸侯的使节陪祭。安葬之后，再为它建立祠庙，用猪、牛、羊各一千头的太牢礼来祭祀它，并安排一个一万户的城邑供奉。诸侯听说大王如此厚待马匹，肯定会夸您把人看得很贱，把马看得很重。"庄王醒悟了，恨不得抽自己耳光："哎呀，我怎么会错到这种地步！现在该怎么办呢？"优孟说："用对待六畜的方式来埋葬它，用铜锅做棺材，用稻草作祭品，用姜和枣来调味，把它葬在人们的肠胃里。"庄王就派人把马尸交给主管膳食的官员，并向大臣们说好话，请他们不要宣扬此事。

也许，此后大臣们都要拜师优孟学表演。

在其他国家，官员们的表演同样精彩。

晋国大夫叔向去见正卿韩宣子，发现他一脸愁容，半开玩笑地说："您真是忧国忧民啊，退朝回家后还接着忧。"韩宣子叹气道："不是这样，我身为正卿，却没什么财产，和卿大夫交往，想请他们吃饭都没钱，愁啊！"叔向说："从前栾武子（栾书，前晋正卿）没什么财产，掌管祭祀，家里连祭祀的器具都不齐全，不过他德才兼备，名闻天下。郤昭子（郤至，前晋卿）的家产抵得上晋国公室财产的一半，家里用人抵得上三军的一半，却不得善终，陈尸朝堂，宗族被灭绝。因为郤氏无德，没一个人同情。现在您有栾武子的清贫，我认为您能够继承他的德行，所以要向您表示祝贺；如果您不想当道德模范，只为没钱而发愁，那我要向您表示哀悼了。"韩宣子煞有介事地下拜："说得好啊。"这段对话，被历代帝王拿来给官员上思想品德课。不过官员们学得并不上心，心里都犯嘀咕：韩宣子明明是装穷啊。

继韩宣子为正卿的魏献子审理一桩案件前，诉讼一方当事人贿以女乐，他准备接受。大夫阎没、女宽去魏府，魏献子请他俩吃饭。饭菜摆上，他俩三次叹气。吃完饭，魏献子问二人为何叹气，他们说："有人赐酒给我们两个小人，昨晚我们光喝酒，没吃饭，今天肚子饿得咕咕叫。饭菜刚上时，怕不够吃，所以叹气。饭菜上了一半，就责备自己：难道将军请我们吃饭，饭菜会不够吃？所以再次叹气。等到饭菜上完，看到这么丰盛，愿以小人之腹为君子之心，刚刚满足就行了。"魏献子听出弦外之音，拒绝接受女乐。

有表演小品的，就有表演唱歌的。卫国草根宁戚想去齐桓公手底下当官，但家里太穷，连去齐国的盘缠都没有，他听说一个商人要赶着牛车去齐国做买卖，就跑去当了个赶车的临时工，来到齐都临淄。到的时候已经天黑，桓公正好在城门外迎接贵宾，被一堆随从簇拥。宁戚在车下喂牛，远远望见这排场，赶紧敲着牛角高声唱起歌来，歌词大意是："我虽屌丝，却很有才；满肚墨水，一般不晒；现来求职，静候总裁；非诚勿扰，谁敢摘牌？"桓公听了，对旁人说，这个唱歌的人肯定厉害。他让人把宁戚带回宫，当晚就接见了他。宁戚大谈治国之道，桓公很满意。第二天，两人又谈了一次，桓公很兴奋："非你莫属！"任用宁戚为大夫。宁戚靠唱歌上位的励志故事传开，齐国青年纷纷苦练歌艺。

当然，要论表演水平，上述各位和楚国大夫申包胥比起来，都不在一个等级上。楚国郢都被吴军攻破，申包胥赶往秦国搬救兵。他连赶了七天七夜的路，腿都走抽筋了，到了秦都雍城，衣衫褴褛地来到朝堂上，请求秦哀公发兵救楚，哀公却打起了太极。申包胥倔劲上来："君上您不答应，我就在这儿不走了。"哀公就走了。申包胥呜呜哭开了，连哭七天七夜，泪水长流，是为"哭秦庭"。七天七夜里，申包胥不吃不喝，倚墙边哭边唱，哀叹楚人命苦，数落秦人不义。哀公听着闹心，惹不起躲得起，朝廷放了三天小长假。没想到小长假结束，申包胥还在那儿哭，秦国君臣只好在他的哭唱声中议事。这出肥皂剧，逐渐进入高潮：大家不知不觉被申包胥的情绪感染了，越听越觉得凄凉。到第七天，哀公也被感动了，赋诗《无衣》："岂曰无衣？与子同袍。王于兴师，修我戈矛，与子同仇！……"哀公握着申包胥的手宣布：有申包胥这样的忠义之臣，楚不该亡，秦国发战车五百辆救楚。申包胥马上不哭了，向哀公连磕九个响头，坐下。秦军入楚，帮楚人赶走了吴军。申包胥不受封赏，退隐山林。

表演是政治的一部分，影帝们让政治不那么无趣。

有时候，台上的影帝和台下的观众达成默契，共同上演一部部荒诞剧。

告商鞅的密

夜深了，通缉犯商鞅逃到秦国边境，想要住进一家旅店，却因拿不出住店凭证而被拒绝。店老板说，按商鞅制定的法律，所有的客人住店，都要出示身份证明，如果没有，就不能收留。如果违法收留，而客人碰巧又有案在身，那么这人将来判什么罪受什么罚，旅店老板也要判什么罪受什么罚。

商鞅长叹："真没想到，我变法之弊竟到如此地步！"

商鞅变法，首推什伍连坐法——庶民按户编组，五家为保，十户相连，一人作奸犯科，全体承担连带责任：藏匿者，视同降敌；不告发者，腰斩；告发者，按斩敌首级领赏。

此法一出，人人自危。为了免于他人犯法危及自己，亲友邻里胆战心惊地互相叮嘱："不遵守法律，违抗命令，你死，我也得死，所以，千万不要作奸犯科啊。"没有明说的下半句是："你如果犯了法，可别怪我去告密啊。"

告密，由是成为一种控制百姓的统治手段。商鞅称："昔之能制天下者，必先制其民者也；能先胜敌者，必先胜其民者也。"（《商君书·画策》）

被控制的百姓，被迫当上自带干粮的秘密警察。他们之上，有个商鞅，"老大哥在看着你"。

"老大哥"是残酷的。一天之内，商鞅在渭水之滨处决囚犯七百余人，以至于"渭水尽赤，号哭之声动于天地，蓄怨积仇比于丘山"。

怨与仇，只能积于心底。谁敢不服从，谁敢说三道四，就要被人告密，就要掉脑袋。

告密，成为专制思维的起点。

废井田，废世卿世禄，收人头税，推行县制，商鞅的一系列强硬改革举措，夯实了专制基础。

在专制的强横前，礼制不堪一击。强秦，令中原诸国胆战心惊。

公元前338年，秦孝公死，秦惠文王继位。马上有人告了"老大哥"的密——公子虔告发商鞅"欲反"。秦惠文王下令逮捕商鞅。

被诬告的商鞅百口莫辩——他当初鼓励邻里之间互相告发的时候，可没说要有证据，也没规定诬告者要负法律责任。

商鞅只好逃亡。他没想到，住个旅店，却被自己制定的法律挡在门外。

走投无路之下，商鞅只好当真造反，结果被杀，尸身被拉回都城咸阳，当众车裂。

儒家有点幸灾乐祸地说，这是作法自毙。谁让他不行王道行霸道，不行礼制行法制的？

可惜，礼制和王道那一套，已经没有市场了。商鞅死后，他的新法，并未被废除。

商鞅用连坐法鼓励人民告密，得到韩非子的力挺："告过者免罪受赏，失奸者必诛连刑。如此，则奸类发矣。奸不容细，私告任坐使然也。"（《韩非子·制分》）

秦始皇强力推行这种统治术。在其治下，百姓因为担心邻居犯罪害得自己被杀头，而爱上了串门：早上起床，到邻居家看看；中午吃饭，再到邻居家看看；晚上回来，还要去邻居家看看。

物极必反。一开始，大家串门是想趁早发现邻居的不轨行为，以便告密，久而久之，邻里之间形成攻守同盟，一呼众应。正因如此，刘邦和项羽反秦，手下多为同乡。统治者搬起石头砸了自己的脚。

公元前114年，汉武帝出台"告缗令"，向商人征收财产税，鼓励百姓举报商人的资产，规定凡被告发隐匿资产或呈报资产不实的商人，其资产将全部没收，没收资产的一半用于奖励告发人。此令一出，民间告密之风盛行，"中家以上大抵皆遇告"，各郡国"得民财物以亿计"。许多商人破产的同时，百姓吃光花光，不思储蓄。

告密传统不绝，终于发展到学生告老师的密，文人告文人的密，妻子告丈夫的密，儿子告母亲的密。灭绝人伦的告密，形成"互害社会"，铺就通往奴役之路。

在影片《窃听风暴》中，负责窃听作家德瑞曼的秘密警察魏斯乐，后来转变立场，抵制这种"匿名的、非个人化的、非人性的权力"，保护了他的告密对象。

影片结尾，曾经窥看了几十年他人生活的魏斯乐，在书店买下一本德瑞曼献给他的书《好人奏鸣曲》。收银员问："您需要包装送人吗?"他微笑道："不，这本书是送给我的。"

这是献给告密文化的冷冷一拳。

可惜，现实是残酷的。龙应台的影评《你是有选择的》，有一个冷冷的结尾:

为了不忍见德瑞曼以叛国坐牢，为了忠实于他在听《好人奏鸣曲》和读布莱希特的诗时的感动，他（魏斯乐）选择放弃仕途，付出代价：被降职到地下室去做拆信员。统一之后，他也翻不了身，仍旧在最卑微的底层艰辛求存，做一个递送免费广告的送报员。

　　而在“一九八四”的朝代里呼风唤雨的那个文化部长，统一之后，摇身一变，又是一个新时代的大人物。东诺士马克的电影用了很多当初东德的机关大楼实地拍摄，但是监狱博物馆馆长却拒绝了他拍摄的请求。馆长说，因为东诺士马克的剧本不符合史实：整个东德历史，像魏斯乐那样“良心发现”的秘密警察，对不起，一个都没有。

人的现代化

公元前 636 年，晋文公即位之初就教育、训练百姓，到第二年，就想用他们征伐。文公之舅、晋卿狐偃劝谏："百姓还不知道道义，还不安心于他们的居处。"

文公离开晋国去帮助周襄王安定其王位，回国后致力于有利百姓之举，使百姓安于生活。文公要征发他们，又被狐偃谏止："百姓还不知道守信，还不能十分明白信用的作用。"

文公就在讨伐原国的时候让百姓看到了信用的力量——文公跟大夫约定十天攻下原国，晋军只带了十天的口粮。十天到了，眼看原国就要撑不住了，文公下令撤兵。原国甚至卫国的人叹服文公守信，纷纷归顺晋国。此后，百姓做买卖不求暴利，明码实价，各无贪心。文公问狐偃：

"可以用民了吗?"狐偃说:"百姓还不知道礼仪,还没有恭敬心。"

文公又训练军队,举行盛大阅兵,让百姓看到礼仪,同时制定管理官吏的制度,整顿吏治。等到百姓能明辨是非,文公才征发他们,在城濮一战而霸。

对此,《左传》评论:"文之教也。"

文之教,即文明之教化,就是让百姓知义、知信、知礼,也即让百姓知道。

百姓应知的道,被三晋枭雄阎锡山概括为《告谕人民八条》:一、当兵纳税受教育,为国民之三大义务。二、身体不壮,为人生之大不幸。三、尚武为国民必要之精神。四、人能有所发明,才算真本领。五、卫国以武,备战以财。六、亡国之民,不如丧家之狗。七、治病要在人未死之前努力,救国要在国未亡之前努力。八、军官能力的军队,抵不住政治能力的军队。

1912年阎锡山做了山西都督后,着手于一场崭新的民治实验:禁止买卖人口,禁止妇女缠足,剪男人辫子,提倡男女平等,大兴教育,推行新思想、新道德、新文化。

阎锡山首先从家乡定襄做起,要求同盟会会员带头剪辫,村里设立"保安社"定期检查。他指示给每个放了足的女人发两毛钱，"扯上三尺土布做双袜子穿"。当年，山西人都说："阎锡山实在管得宽哩，连男人的头、女人的脚他也管。"

阎锡山不顾守旧者反对，下令各乡镇搬掉神像，腾出庙宇办学堂。他出资在家乡办的学校，头四年不收学费，每年还自掏腰包给每个学生发一身校服、一双鞋。阎锡山倡导国民义务教育，他说，学打算盘、写信、记账的本事，就是"求知识的第一样要事"。

阎锡山"盼望百姓都成个好国民"。在他看来，培养好国民，实行民治主义很重要。他在《督军兼省长阎告语各县街村长副闾邻长及人民举办村民会议文》中说："有人说民治主义不能实行，是人民程度不够的缘故，我问他甚叫程度？他答有真知识是程度。我又问，明白是非曲直是真知识抑是知道条文法理是真知识？其人不答。……试看今日之堂前，是非曲直，反不若民间之真，即是人心上之是非曲直，为条文法理之是非曲直所遮蔽，程度愈高距人情愈远者何贵乎？"

阎锡山认为，应将政治放在民间。"使人民加入政治，是教人民以条文法理之假知识也，甚难。政治放在民间，是使政治合乎人心之真知识也，甚易。不能即时实现，非知识不够，是习惯不够也。然则欲使人民从事于民治之练习当如何？实行民治主义之村本政治而已。"

政治应合乎"人心上之是非曲直"，民主和人民的文化程度没有必然联系，民治之练习可以培养民主习惯。

阎锡山的民治实验收到成效，两千多年前经历过一场"文之教"的三晋大地，在民国成立后的头二十年里生机勃勃。

差不多同一时期，在重庆，民生实业公司老板卢作孚的民治实验，更具现代视野。

重庆城北的北碚曾是一处盗匪出没、落后贫困的地方。从 1927 年起，卢作孚在北碚进行建设实验，扫清盗匪，开路办厂，建起公园、学校、图书馆、博物馆、体育场、医院乃至科学院。与同时代梁漱溟在山东邹县、晏阳初在河北定县的乡村建设实验只搞文化教育不同，作为实业家的卢作孚也重视经济和社会建设。

当然，教育为本。卢作孚说："建设的第一桩事，是把人建设起来。"

为此，卢作孚做了很多实事：拿电影票作奖品，奖励当地识字多的老百姓；在平民俱乐部里给大家放幻灯片，讲解现代运输业；自编川剧剧本，传播新观念；建立少年义勇队，培养有理想、有技能而又愿意为社会服务的人才，号召年轻人"忠实地做事，诚恳地对人"。

卢作孚认为，"中国的根本问题是人的训练"，他提出了"人的现代化"这一口号。

美国社会学家英格尔斯在谈到传统人和现代人的概念时说，传统人害怕革新、被动接受命运、与外界隔绝等性格特质不会轻易改变，这严重阻碍了现代化进程。"再完美的现代制度和管理方法，再先进的技术工艺，也会在传统人的手中变成废纸一堆。"因此，人的现代化，是国家现代化的根基。

末世与新朝

"这是末世了。"摇曳的烛光下，晏子长叹一口气。

公元前 539 年，晏子自齐使晋，晋方的叔向陪他饮宴。两人齐名，同为上大夫，皆有政声。免去正式场合的礼仪，卸下公务之累，两人像老朋友一般，一边喝酒，一边敞怀深聊。

叔向问："齐国现在的情况怎样？"

"这是末世了。"晏子长叹一口气，"我不能不说，齐国可能会属于陈氏了。国君不爱护他的百姓，眼睁睁看着他们归附陈氏。齐国过去有四种量器——豆、区、釜、钟，四升为一豆，四豆为一区，四区为一釜，十釜为一钟。陈氏把豆、区、釜三种量器的容量都加大四分之一，一钟粮食也就变多了。陈氏将粮食用私家的大量器借出，却用公

169

家的小量器收回；山上的木料运到市场，价格不高于山上；鱼盐蜃蛤，价格不高于海边。百姓把劳动收入分成三份，两份归公家，一份用来维持衣食。国君聚敛的财物已腐烂生虫，老人们却挨冻受饿。很多受罚的人被砍去双腿，国都的市场上，鞋子便宜，假腿昂贵。而陈氏呢，百姓有痛苦疾病就去安抚，百姓拥戴他如同父母，归附他如同流水。这样的人，想不得到百姓的拥护都不可能啊。"

"是呀。即使是我们公室，现在也是末世了。"叔向感慨，"战车没有战马来拉，军队没有国卿率领，国君的战车左右没有好人才，步卒队伍没有好长官。百姓疲病，而宫室更加奢侈。道路上饿死的人随处可见，而宠姬家的财物多得装不下。百姓躲避国君的命令，就像躲避仇敌一样。栾、郤、胥、原、狐、续、庆、伯这八个大家族的后人已经沦为低贱的吏役。政事变成私器，百姓无依无靠。国君不肯悔改，用行乐来掩盖忧愁。公室的衰微，还能有几天？谗鼎上的铭文说：'昧旦丕显，后世犹怠（天不亮就起来致力于政绩显赫，子孙后代还是会懒散懈怠）。'现在国君天天醉生梦死，国家还能长久吗？"

"您打算怎么办？"

"晋国的公族全完了。肸（叔向复姓羊舌，名肸）听说，公室的宗族像树叶一样落下来，公室也就跟着凋零了。
肸的一宗有十一族，只有羊舌氏一支还在。肸没有好儿子，
公室又没有法度，能够得到善终就已是万幸，难道还敢指
望得到后代的祭祀吗?"

《左传·昭公三年》记载的这段对话，到此处戛然
而止。

公元前 514 年，羊舌氏被灭族，封地全部落入私家
手中。

公元前 403 年，三家分晋。

公元前 386 年，田陈代齐。

此后两千余年，像晏子和叔向这般关于末世的私聊，
在朝野有过多次。

末世过后是新朝，新朝过后是末世。周而复始。

05

一

战争

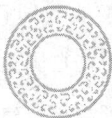

礼节第一，打仗第二

"仁义"的大旗之下，宋襄公眺望正在渡河的楚军，在冬日和煦的阳光里眯起双眼。

这是公元前 638 年十一月初一，宋楚两国在泓水交战。战前，宋襄公特意让人做了一面大旗，上面绣有"仁义"二字。他信誓旦旦：身为"亡国之余"——周初，商纣王的庶兄微子启被封于商朝故地，建立宋国——殷商的仁义传统不能丢（可惜商纣王的表现有些打脸）。

楚军开始过河时，宋襄公的异母兄、司马子鱼对他说："对方人多而我们人少，趁他们正在过河，立足未稳，我们杀过去，定能取胜。"宋襄公指指"仁义"之旗，直摇头："人家连河都没渡完就打，算什么仁义之师？"

楚军全部渡河，还没在河岸上摆好阵势，子鱼又心急火燎地劝宋襄公下令进攻。宋襄公仍是摇头。子鱼长叹。

等楚军布好阵，宋襄公才下令进攻，结果宋军大败，宋襄公被敌箭射中大腿，那面"仁义"大旗也被楚军夺去。

宋国人都骂宋襄公迂腐。此君振振有词：君子在战斗中，只要敌人已经负伤就不再去杀伤他，也不俘虏头发斑白的敌人。古人打仗，不占地势险要的便宜。"寡人虽亡国之余，不鼓不成列。"（《左传·僖公二十二年》）

这段槽点满满的话成为千年笑料。毛泽东在《论持久战》中说："我们不是宋襄公，不要那种蠢猪式的仁义道德。"

不过，宋襄公不是一个人在战斗，他念念不忘的战场上的君子风度，在春秋时代屡见不鲜。

春秋时各国打仗，战场上是要讲礼的，比如不斩来使，"不以阻隘"，追击逃跑的敌人不能超过五十步。

公元前 707 年的长葛之战，周桓王亲自上阵，在战车上挥舞铜钺乱砍，结果被一箭射中肩膀，周军败退。郑军追了几步，郑庄公就下令收兵。毕竟人家是天子，名义上的老大嘛，这面子是必须给的。

公元前 632 年，晋楚战于城濮，晋文公御驾亲征，而楚国统帅是令尹子玉。战前，子玉派使者进见晋文公，话说得很有礼貌："敝国的战士恳请与贵国勇士做一次角斗游戏。君上靠在车里观赏就行，下臣愿意奉陪。"

晋文公派使者致答词，一番话也很讲究："敝国的寡德之君已经接到大帅的命令。寡君之所以驻扎在这里，是因为信守当年的诺言，遇到贵军要退避三舍（晋文公当国君前曾有一段流亡史，在楚国，他受到楚成王礼遇，承诺若做国君，万一晋楚交战，必先退避三舍，也就是退让九十里），岂敢抵挡贵国的威武之师？不过，既然敝国还没有接到贵军停战之令，只好拜托大夫您转告贵军将士，驾好你们的战车，忠于你们的国事，明天早上战场见。"（《左传·僖公二十八年》）

先礼后兵，礼多人不怪。

公元前 575 年，晋楚战于鄢陵，晋厉公的车右（国君或主帅的战车，尊者居中自掌旗鼓，御者在左，在右陪乘的都是勇力之士，执戈以御敌）栾鍼远远看到楚将子重的旗帜，肃然起敬，对晋厉公说："当年下臣出使楚国，子重曾问臣晋国之勇，臣回答，整整齐齐，井然有序。他问还有什么，臣答，心平气和，从容不迫。现在两国交战，如果不去致敬，就不算井然有序；如果言而无信，就不算从容不迫。请君上批准下臣派人去送酒。"

晋厉公同意了。栾鍼的使者见到子重，客气一番："敝国没什么人才，寡君只好让栾鍼凑合着做他的车右。鍼公务在身，不能亲自来犒劳大将军的部下，只好派人代为敬酒，请大将军见谅。"

子重躬身答礼："栾鍼大人真是好记性。"他接过酒具一饮而尽，拿起鼓槌继续击鼓。

晋国将领郤至在战场上三次遇见楚共王，每见必下车，脱下头盔，快步离开，以示对一国之君的敬意。

楚共王投桃报李，派使者带了一张弓，到晋军中去慰问郤至。使者代表楚共王说："刚才战斗最激烈的时候，君子您见了寡人就小步快走，会不会受伤了呢？"

郤至立即脱下头盔行礼："伟大的君上！您卑微的外邦小臣郤至追随敝国寡德之君参战，承蒙君上恩准披上了盔甲。公务在身，没法当面叩谢君上的亲切关怀。拜托贵使禀告君上，下臣身体很好，准备与贵军决一死战。"（《左传·成公十六年》）

郤至和楚使客气半天，三行肃拜之礼，恭送楚使回营。随后，继续战斗。

战斗中，郤至和另一位晋将韩厥都有机会俘虏楚国同盟国国君郑成公，却都放弃了，因为按礼制，不能让一国之君受辱。

虽然孟子说"春秋无义战"，但这战场上的礼，是实实在在的。

公元前 597 年晋楚邲之战，堪称和谐战场：晋军败逃，楚军追逐，晋军一辆战车坏了，陷在坑里动弹不得，楚人不去活捉俘虏，反倒停车，喊话，教晋人修车。修好的战车没走两步，又歇菜了，楚人又喊话教，现场教学，师生间其乐融融。车修好后，晋人从容地撤了，边撤边回过头来开玩笑："贵国不愧是超级大国，你们跑路很有经验嘛。"（《左传·宣公十二年》）

礼节第一，打仗第二。这就是贵族精神。

春秋时代，作战者为卿大夫和士人，是贵族。战争，作为贵族的游戏，"义以为质，礼以行之，孙以出之，信以成之"的君子风度不可少。

曾几何时，在西方的战场，这种贵族精神也处处可见。

16 世纪，英国的菲利浦·西德尼爵士在战场上身受重伤，快死了，有人拿一瓶水到他嘴边。他正要喝，见到不远处躺着一个同样垂死的敌人，就让那人把水给敌人喝："他比我更需要水。"

1745 年的英法丰特努瓦战役中，英国警卫旅从一条凹路上走出来，看到了法国步兵。法国军官大声叫唤英国指挥官查尔斯·海男爵，请求他们先开火。男爵极其谦恭地回答："不，先生，我们从来不会先开火，你们先请！"英军继续前进，队列里一个士兵紧张地大喊："主啊！感谢您赐予我们粮食。"没有人开火，也没有人停下脚步，直到逼得法国人子弹齐发，一些英军士兵应声倒下。当法国人装填弹药时，幸存的英军士兵们行进到离法军只有30步处，才开枪反击。

当然，战场上的贵族精神，早已成了过眼云烟。春秋以降，战争已是野蛮的血拼。战国时代，"争地以战，杀人盈野；争城以战，杀人盈城"，甚至坑杀数十万降卒，哪还有半点礼节？

要是还有人在战场上讲礼节，准被人当成疯子。

战争把人逼成疯子。二战期间，美国军方得出结论：几乎所有参战士兵，如果侥幸没有被杀或受伤，那他在200—240个战斗日之后会精神崩溃。之所以只有六分之一的伤员患有精神病，是因为大多数士兵都活不到精神崩溃的时候。

现在，一些在网上叫嚷着打打杀杀的人，现实生活里看上去是那么彬彬有礼。

一次讥笑引发的战争

战争，总要争点什么。争绝世美女海伦，爆发了特洛伊战争；边境养蚕妇女争桑叶，吴楚开战。而晋齐鞌之战，争的是一口气。

这场战争，起因于一次讥笑。

公元前 592 年春天，晋景公派遣郤克出使齐国。郤克是贤臣郤缺之子，博闻多能，屡立战功，只是腿有些瘸。

郤克不幸遇上一个有点不着调的齐顷公。此君早就听说郤克腿上的毛病，为了逗母亲萧桐叔子开心，让她在郤克进朝廷时坐帷幕后面偷看。

郤克来了，登上台阶，走得一偏一拐，看上去有些滑稽。帷幕后的萧桐叔子绷不住，哈哈笑起来。

被一个妇人讥笑，郤克的自尊心严重受伤，他怒火中烧，转身就走。出来后，他对天发誓："此辱不报，誓不再渡黄河！"

郤克留下副使，自己先回国了。一回去，他就请求晋景公进攻齐国，景公不答应；请求率领家族武装进攻齐国，景公也不答应。

因为，师出无名。"名"，也就是礼。

"夫礼，天之经也，地之义也，民之行也。"（《左传·昭公二十五年》）礼，时为公认的国际政治之法度。

虽然齐国方面失礼在先，但毕竟是小事，晋方如果以此为借口攻齐，则是更大的无礼，在诸侯间徒增笑料，反倒被动。隐忍不发，先让齐方背恶名，待机而动，更符合晋国的国家利益。

郤克却忍不了。四个齐国使者到晋国来，郤克在黄河以北捉住他们，全部杀死。

一团火，在郤克的肚子里烧了三年。

公元前589年春天，郤克终于等来了君子报仇的机会。当时，齐顷公派兵攻打鲁国、卫国。鲁国、卫国的大夫到晋国请兵，都是通过郤克。

是时候了。晋景公果断下令，出动兵车八百乘，以郤克为中军将，联合鲁、卫军队，浩浩荡荡杀向齐国。

六月十六日，晋、鲁、卫联军在卫国的莘地与齐军相遇。

齐顷公虽有点孩子气，还是懂得先礼后兵规矩的，派使者见郤克，对他说："您带领贵国国君的军队光临敝国，敝国的士兵不强，请于明天早晨相见，决战。"

郤克压住火气，以不失外交礼仪的刚强口吻回答："鲁、卫是晋国的兄弟国家，他们来告诉我们，大国没日没夜地在他们的土地上泄愤。寡君不忍，派下臣前来向大国请求收手，同时又不让我军长久留在贵国。我们只能前进不能后退，您的命令是不会不照办的。"

齐顷公听完使者汇报后说，那就兵戎相见吧。

齐将高固首先发动攻击，得手，得意扬扬地坐在缴获的战车上，巡行齐营得瑟："欲勇者贾余余勇。"（成语"余勇可贾"就是这么来的）

次日，两军在齐国的鞌地再次列阵交锋。战前，不甘寂寞的齐顷公也贡献了一个成语："余姑翦灭此而朝食！"（"灭此朝食"，意思是让我先消灭了这些人再吃早饭）喊完这一嗓，马不披甲，驰向晋军。

战斗中，郤克受了箭伤，血流到鞋子上，但他一直没有停止击鼓，只叫了声："我受伤了！"为他驾车的解张鼓励他："一开战，箭就射穿了我的手和肘，我折断了箭杆，继续驾车。您看，左边的车轮都被血染成了黑红色。您忍着点吧！"郤克不叫了。

齐军大败，被晋军追赶，绕着华不注山跑了三圈。

头天晚上，晋将韩厥梦见父亲对自己说："明天不要站在战车左右两侧。"上了战场，韩厥就在战车中间驾车，瞅准齐顷公的战车直追。

为齐顷公驾车的邴夏说："射那位驾车人，他是君子。"齐顷公摇摇头："认为他是君子而射他，不合于礼。"这位坚持"礼节第一，打仗第二"的国君，其实蛮可爱的。

顷公的车右逢丑父射韩厥的车左，车左死在车下；射车右，车右死在车中。

晋国大夫綦毋张丢了战车，上了韩厥的车，准备站在左边或右边，韩厥用肘推他，让他站在身后。韩厥弯下腰，放稳车右的尸体。逢丑父和齐顷公趁他们不注意，互换了位置。

快跑到华泉时，齐顷公战车的骖马（驾车时位于两边的马）被树绊住了。韩厥驾车追上。不认识齐顷公的他下车，走到对方战车前，面向逢丑父，跪下，叩头："寡君派遣下臣援救鲁国、卫国。下臣不幸，正好在军队服役，不能脱逃。下臣身为一名战士，谨向国君报告我的无能，只是由于缺人手，勉强担当职务罢了。"

又一个讲礼的，只可惜表错了情。这仗，好玩。

逢丑父玩了一招"舍车保帅"，要车右的齐顷公下车，到华泉去取水。

韩厥不在意——走个马仔，无妨。没想到，对方老大在他眼皮底下溜了。

向郤克献上逢丑父之后，韩厥像被扎破的气球，蔫了。

郤克要杀死逢丑父。逢丑父大叫："从今以后，再没有替国君受难的人了，有一个在这里，还要被杀死吗？"

郤克感叹："一个人豁出命来救国君，杀了他，不吉利啊。"他赦免了逢丑父。

齐顷公还算是个讲义气的老大，后来他在齐军的簇拥护卫下，回到战场寻找逢丑父，在晋军中三进三出，没找到。

晋军一路追赶齐军。齐顷公慌了，派上卿国佐向晋人献上玉器及侵占的鲁、卫土地求和。郤克不干，一定要齐人送来萧桐叔子为人质。你伤害了我，岂能一笑而过？

国佐劝郤克："萧桐叔子是寡君的母亲，从对等地位来说，就相当于晋君的母亲。您在诸侯中发布重大的命令，却把人家的母亲作为人质，这样做，就是用不孝来号令诸侯。这恐怕不是道德的准则吧？以道义征伐而以暴虐结束，可以这样吗？"（《左传·成公二年》）

郤克担不起这恶名，咽下一口恶气，也就算了。

次年，齐顷公出访晋国，在国宴上盯着韩厥看。韩厥问他："您还记得我？"齐顷公调侃道："当然，别看您把衣服换了。"韩厥也不含糊，举杯敬酒："臣拼死作战，就是为了今天两国君主在宴会上开怀畅饮啊。"（《左传·成公三年》）

回国后，齐顷公也许是不好意思再在战场上碰到韩厥，终于低调了，不再搞恶作剧，开始搞仁政，减轻赋敛，赈济孤寡，对诸侯以礼相待。

郤克的那口气，终于消了。

其实，这也是个孩子气的男人。

克劳塞维茨说，战争无非是政治通过另一种手段的继续。而有时候，战争就是大男孩之间争面子的对决。

从逃兵到英雄

公元前 493 年，晋卿赵鞅和晋国另两大家族范氏、中行氏的内斗已经进行了四年。这年秋天，齐国人运粮食给范氏，郑国军队押送。赵鞅率部拦截，两拨人马在戚地相遇。

赵鞅的战车由邮无恤驾驶，因为得罪了父亲卫灵公而投奔赵鞅的卫国太子蒯聩做车右。

上了战场，蒯聩望见郑军人数众多，吓坏了，跳到车下。邮无恤把车上的带子递给他，拉他上车，呵斥道："你像个女人！"

蒯聩这熊样，让赵鞅摇头，他巡视队伍，鼓励士气："先君献公的车右毕万是个普通人，七次战斗都俘获了敌人，后来获赐魏地，封了大夫，拥有四百匹马，得以善终。

诸位努力吧！未必就死在敌人手里。"

赵氏族人赵罗还是吓得腿软，要当逃兵，被他的车驭和车右合力用绳子捆在车上。军吏看到后，不明就里，询问原因，车御回答："他拉肚子拉得厉害，倒下了。"

蒯聩担心也被人用绳子捆在车上丢人现眼，只能硬着头皮干下去。与敌军交手前，他祷告起来："远孙蒯聩谨敢报告皇祖文王、烈祖康叔、文祖襄公：蒯聩不敢放纵安逸，居于持矛作战的行列里，谨敢祈祷保佑不要断筋，不要折骨，脸上不要受伤，以成就大事，不给三位祖先带来耻辱。活下来不敢请求，佩玉不敢爱惜。"

到底贵为太子，就算死，也要保持形象，死得体面。

祷告过后，蒯聩被其祖先赐予了力量，变成勇士。

郑国人击中赵鞅的肩膀，赵鞅倒在车里，军旗被缴获。蒯聩挥戈救援赵鞅，将郑军杀退。他一鼓作气，发动进攻，郑军大败，蒯聩缴获了齐国的一千车粮食。

从逃兵到英雄，只有一次祷告的距离。

战斗结束，赵鞅居功自傲："我伏在弓袋上吐了血，但鼓声不衰，今天我的功劳最大。"

蒯聩一点也不客气："我在车上救了您，在下边追击敌人，我是车右中功劳最大的。"

邮无恤说："我驾驭的战车，骖马的两根肚带快要断了，我还能控制它，我是车驶中功劳最大的。"为了验证自己的说法，他往空车里装了点木材，骖马的两根肚带马上就断了。(《左传·哀公二年》)

战士争功，不丢人；上了战场害怕，也不丢人。血肉之躯，逃兵还是英雄，本就在一念之间。

不过，很多上过战场的人，哪怕立了功，受了勋，也不愿意说自己是英雄。

美国二战影片《父辈的旗帜》最后的旁白说："也许这世上并没有英雄，只有我爸爸这样的普通人。最后我终于明白，为什么英雄的称号会让他们这么不自在。英雄都是我们塑造出来的。我们需要英雄，因为不这么做我们就理解不了，为什么有人可以为我们流血牺牲。但是对我爸爸和这些人来说，他们出生入死，流血牺牲，都是为了他们的战友。他们也许曾为祖国而战，但他们是为战友而死，为了他们身前和身边的人。如果我们真要缅怀这些人，就应该记住他们真实的一面。"

战场上的行为艺术

燕国军队攻打齐国的即墨，齐将田单下令：城中军民在吃饭之前要祭祀祖先。鸟儿们惦记上了祭品，在空中盘旋。田单扬言："这是天兵天将，来帮我们杀敌的。"燕军心虚了。

田单又对人说："一定会有神人来做我的老师。"有个士兵跑来调侃："我可以当您的老师吗？"不等回答，扬长而去。田单追上他，拉回来，煞有介事地请他坐上上位，拜其为师。士兵说："我欺骗了您，其实我一点本事也没有。"田单摆手："请您不要再说了，您本事大得很。"此后，田单每次发号施令，都说是神师的主意。多年后，洪秀全活学活用了这一招。

田单的神技不止于此。他扬言："我怕燕军把俘虏的齐国士兵鼻子割掉，把他们排在队伍前列，再和我们打仗，这样谁受得了呀？"燕军听到这话，照办。齐军士兵看到落入敌手的战友都被割去了鼻子，个个义愤填膺，奋勇杀敌，唯恐被俘。

田单又扬言："我怕燕国人挖我们城外的祖坟。"燕军又扒了城外的坟墓，焚烧尸骨。即墨人看到这一幕，个个痛哭流涕，请求加入敢死队。

田单还组织了一支女兵队，编入自己的妻妾，让女兵列队城头，惹得城下的燕军哈哈大笑。他收集民间黄金一千镒，派几个土老财拿去送给燕军，并传话："即墨就要投降了，希望你们进城之后，不要掳掠我们的妻妾，给我们留条活路。"燕军笑纳。他们以为胜利在望，松懈下来。

田单收集壮牛一千多头，给它们披上画有蛟龙图案的大红绸绢，牛角绑上锋利的刀子，牛尾绑上浸了油的芦苇。晚上，齐军将城墙凿开洞，赶出牛群，点燃芦苇。牛儿们嗷嗷叫，疯狂冲向燕军。齐军精锐紧随其后，杀了过去。即墨人也敲锣打鼓呐喊而出。猝不及防的燕军被火牛阵冲得七零八落，死伤过半，败逃。

两千多年前的田单，是战场上神乎其神的行为艺术家。司马迁在《史记·田单列传》里慨叹："兵以正合，以奇胜。善之者，出奇无穷。"

战争，创造一切，摧毁一切，予取予求，翻云覆雨，造出世间最残酷的幻境与最极端的人性。

赵云大战长坂坡，七进七出，救得刘备之子阿斗。刘备接子，掷之于地，愠而骂之："为汝这孺子，几损我一员大将！"赵云抱起阿斗，连连泣拜："云虽肝脑涂地，不能报也。"《三国演义》虚构的这一出刘备摔阿斗大戏，是历史书写的传神之笔，因其置入战场，成为一种真实的荒诞。

1933 年 10 月，时任红军团政委的陈锡联率部缴获了四川军阀刘存厚的大批财产，包括一堆金砖。晚上睡觉时，他把一些金砖搬来，垫在床脚下。

第二天，军政委李先念来视察。他的一位随从看到陈锡联床脚下的金砖，大喝："陈锡联你好大的胆子！这么贵重的东西竟敢不上交！"

陈锡联愣了："这不就是些黄土砖吗？交这些玩意儿干啥？"

李先念笑了："锡联啊，你和我一样，只听说过金砖，但不知道就是这玩意儿。今天真是开了眼界！"

大家都说，贫农出身的陈锡联闹了笑话。其实，这何尝不是陈锡联的一次行为艺术——革命者意气风发，金砖垫床，粪土当年万户侯。

战场上的行为艺术，让世界少了点丑陋和无趣。

"我拍下了最后一个死去的人。在最后一天，一些最好的人死去了，但活着的人会很快忘记的。"谈及二战中自己的战地摄影，罗伯特·卡帕在回忆录《失焦》里这样写道。和那支美国摇滚乐队的名称"枪炮与玫瑰"一样，这话有些无厘头，有些行为艺术的疯癫，而在某种意义上，又是生活的真相。

06

一

世相

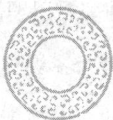

鸡鸣狗盗之辈是怎样炼成的

　　一些待价而沽的文化人，老爱拿孟尝君田文食客三千，关键时刻靠鸡鸣狗盗之辈救命说事儿，却不想想，鸡鸣狗盗之辈是怎样炼成的。

　　先说说孟尝君老爹靖郭君田婴的事儿吧。

　　靖郭君有个门客，名为齐貌辨。此人一堆臭毛病，靖郭君门下其他人都讨厌他，但靖郭君对他很好。有人劝靖郭君赶走齐貌辨，结果碰了一鼻子灰，气走了。孟尝君也劝，靖郭君发飙了："即使将来有人灭我的族，捣毁我的家业，只要能对齐貌辨有好处，我也在所不惜！"他让齐貌辨住最好的房子，派自己的长子去给他赶车，侍候他。

　　旁人都无语了。也许有人在想，这齐貌辨不会是靖郭君的男宠吧？

几年后，齐威王死了，靖郭君的异母兄齐宣王即位。靖郭君跟宣王合不来，就去封邑薛地住。齐貌辨跟他一起。

没多久，齐貌辨辞别靖郭君，回都城临淄晋见宣王。靖郭君劝他别去："既然国君很讨厌我，那你去岂不是找死？"齐貌辨扔下一句"臣根本就不想活"，便去了。

宣王见齐貌辨，问他："你是靖郭君的宠臣，靖郭君是不是一切都听你的呢？"

齐貌辨回答："那倒未必。例如当君上您还是太子时，臣曾对靖郭君说：'太子一副猪相，看着就不仁，不如把他废掉。'可是靖郭君竟然哭着对臣说：'不可以，我不忍心这么做。'假如靖郭君一切都听臣的，那他也不会是今天这样子了。后来，楚相昭阳要用几倍的土地来换薛地，我劝靖郭君接受，靖郭君却说：'我从先王那里接受了薛地，现在虽然和君上关系不好，但如果把薛地交换出去，我怎么向先王交代呢？况且先王的宗庙就在薛地，我难道能把先王的宗庙交给楚国吗？'"

齐宣王感动得快哭了，叹道："靖郭君对寡人的感情竟然深到这个程度！"他恭敬地把靖郭君请回来，拜他为相。不过靖郭君已不恋栈，十天就请辞，回家去过逍遥日子了。

《战国策·齐一》夸靖郭君"能自知人矣"，话没说到点子上。靖郭君有知人之明不假，但他最厉害的，还是善于对门客搞感情投资。

按照学者李珺平在《春秋战国门客文化与秦汉致用文艺观》一书中的定义，门客，"特指有一技之长，自愿（或开始并非自愿后来却非常自愿）投奔、寄食养者门下，被主人豢养，并忠诚为之服务，鞠躬尽瘁，死而后已（或主人死后，树倒猢狲散）者"；"食客（门客）、说客、刺客、客卿（包含客将、客相两种：客将，如兵家；客相，如布衣卿相、纵横家）等等，都可被归入门客式'客'系统"。在中国历史上，门客是"一种独特的生存状态和处世方式"。

门客的独特之处在于，除了少数高蹈者，如"义不帝秦"的鲁仲连，以死报知己别无所求的侯嬴，门客一入主人门，便形成一种当了婊子还要立牌坊式的半依附关系——一方面，他们与主人立了同荣共辱、同生共死的无形契约，必须恪守；另一方面，他们多为士人，要讲士人的尊严，要得到尊重，不然就拍屁股走人。

因此，主人对门客的感情投资必不可少。

搞感情投资，孟尝君一点都不比他老爹差。

孟尝君有个门客爱上了孟尝君的夫人，天天跑到人家窗下唱情歌。其他门客向孟尝君打小报告，要他杀了此人。孟尝君不以为意：人皆有爱美之心嘛。这门客很不好意思，放下爱情干事业，改唱励志歌曲。过了一年，孟尝君把这个门客推荐给卫君，还送他车马盘缠。此人到了卫国，很受卫君器重。后来齐卫两国关系一度紧张，卫君想纠集诸侯揍齐国，被此人成功劝阻。

孟尝君出访楚国，楚王要送他一张象牙床。楚国负责护送象牙床的人怕不慎弄坏了这宝物赔不起，就找到孟尝君的门客公孙戌，请他设法帮自己免掉这一差使，愿以先人传下来的宝剑为报。公孙戌用一套仁义廉洁的说辞打消了孟尝君接受象牙床的念头，乐不可支地快步离开。孟尝君起了疑心，把他叫回来，追问底细。公孙戌说了实话。孟尝君笑笑，让他收下宝剑，并亲笔在门板上写了条微博："谁能传扬田文名声，而谏止田文犯过，即使私自在外获得珍宝，也可迅速来谏！"此微博被广为转发。（《战国策·齐三》）

除了肚里能撑船，孟尝君还走群众路线。一天，他和一个门客一起吃晚饭，旁边有个侍从挡住了光亮，门客很恼火，以为这是孟尝君有意安排的，以便不让自己看清他的菜盘。也许，门客猜孟尝君吃的是鱼翅，却给自己吃粉丝。门客扔下碗筷，欲拂袖而去。孟尝君马上起身，端着自己的菜盘走过去让门客看。一样的菜。门客羞愧得无地自容，拔剑自刎。（《史记·孟尝君列传》）

与孟尝君相比，平原君赵胜的感情投资，更狠。

平原君的宅邸有座高楼，正对着下边一座民宅。民宅中住了个跛子。一天，跛子一瘸一拐地出门打水，平原君的一位漂亮小妾在高楼上看到了，哈哈大笑。

第二天，跛子找上门来，对平原君说："士人们之所以不远万里投奔您，就是因为您看重士人轻视姬妾。我身残志坚，您的姬妾却在高楼上看我的笑话，我希望得到耻笑我的那个女人的头。"平原君笑着回应："好吧。"

跛子离开后，平原君又笑着对旁人说："这小子，竟因一笑要杀我的爱妾，太过分了吧。"

过了一年多，平原君的门客陆陆续续地走了一多半。他大惑不解："我对待各位先生从不曾有失礼的地方，可是为什么那么多先生都离开我了呢？"

一个门客对他说："因为您不杀耻笑跛子的那个妾，大家认为您喜好美色而轻视士人，所以很多人就走了。"

平原君顿足，砍了耻笑跛子的那个爱妾的头，亲自登门献给跛子，并向他道歉。此后，走掉的门客就陆陆续续

地回来了。(《史记·平原君虞卿列传》)

养士真不容易，烧钱不说，搞不好还得搭条命。如此高投入，自然希望高产出，比如取个首级，忽悠个国君，实在不行，学个鸡鸣狗叫。老吃闲饭不干活可不成，慈善事业还讲究爱心回报呢。正如明代李贽对公安袁氏兄弟所说：主子解衣推食，不过是诱你为他做奴才而已。

这道理，谁都懂，看破不说破而已。

李珺平教授说："中国封建制度史，一方面是门客不遗余力替主子效力，以取富贵、求尊荣的历史；另一方面又是门客们不遗余力，互相倾轧、往死里整的历史。"这里的"门客"，可以泛化为帝王之下的所有奴才。

鸡鸣狗盗之辈，津津乐道于鸡鸣狗盗之辈，层出不穷。

家臣也狂野

晋国正卿赵鞅有两匹白色的骡子，喜欢得不得了。一天夜里，家臣胥渠求见，可怜兮兮地说他病了，医生的意思是只有吃白骡的肝能治病，否则就会死。

另一位心腹家臣董安于大表忠心，说这胥渠太不像话，居然来要主君的心肝宝贝，要去杀了他。赵鞅赶忙阻止，大发仁义之慨，召厨师杀掉白骡，取出骡肝交给胥渠。胥渠吃了骡肝，病真就好了。

后来赵鞅发兵攻打狄人，胥渠最勇猛，率先登上城头，取敌将首级。吃了骡肝就是不一样，打仗不肝颤。

讲完这个故事，《吕氏春秋·爱士》大发感慨："人主其安能不好士？"

赵鞅将好士的优良传统进行到底。一天，家臣周舍求见，赵鞅一开始没见。他就在赵鞅的门前站了三天三夜，不肯离去。

赵鞅派人问他："先生将用什么来指教我？"

周舍说："我要做一个正直敢言的家臣，每天带着笔墨竹简，跟在您的身后，观察到您的过错就记录下来。每天都记录，一个月就有效果了，一年以后就有收益了。"

赵鞅很高兴，收了他。从此，周舍天天跟在赵鞅身后，形影不离，随时记录赵鞅的一言一行，使得赵鞅没机会搞外遇。

可惜没过多久，周舍就死了，赵鞅厚葬了他。

三年后，赵鞅和大夫们一起喝酒，喝高了，突然大哭起来。大夫们吓坏了，起身准备离开："臣等有死罪，自己却不知道啊。"

赵鞅让他们回来入席："你们没罪。以前，我有周舍，他说过：'千羊之皮，不若一狐之腋。'要我说，众人之唯唯，不如周舍之谔谔呀。从前商纣王因昏聩无能而灭亡，周武王因善纳直言而成大事。周舍死后，我再也没听谁说过我的过错，我们国家大概快要灭亡了吧，我是为此而流泪啊。"（《新序·杂事》）

有的家臣死了，让主君哭；有的家臣活着，也让主君哭。

鲁昭公二十五年（前517），长期被"三桓"欺负，忍无可忍的鲁昭公联合郈氏、臧氏，率军进攻执政季平子的府邸。猝不及防的季平子慌了，登上府中高台向昭公喊话，请求迁居到沂上，昭公不同意；请求囚禁于封地费邑，昭公不同意；请求带五乘车流亡国外，昭公不同意。

得此消息后，"三桓"之一叔孙氏的家臣戾问手下人："季孙氏被灭或者继续存在，哪种情况对我们有利？"手下人都说，没有季孙氏，就没有叔孙氏。戾就率领这帮人去救季平子，把昭公的军队打败了。孟孙氏杀了昭公的使者郈昭伯。三家联手，昭公招架不住，狼狈逃亡到国外。

权力的膨胀，像癌细胞扩散一样迅速。"三桓"瓜分公室，蛮横对待国君，他们的家臣也坐大，以同样的方式对待他们。

鲁定公五年（前505），季平子去世，年幼的季桓子继位，不能操控家族事务，季孙氏的家臣阳虎趁机软禁了少主，强令他授权自己执掌季孙氏。在阳虎的淫威下，季桓子屈服了。就这样，毫无背景的阳虎成为季孙氏的当家人。由于季孙氏是鲁国最大的家族，阳虎也就顺理成章地开始执掌国政。

孔子看不过眼，鄙夷地称阳虎"陪臣执国命"，骂其为"盗"。

执政三年后，阳虎野心爆棚，密谋除掉"三桓"的掌门人，由自己和同伙取而代之。"三桓"终于尝到当年昭公尝过的滋味了。

《左传·定公八年》中有个戏剧化的情节：阳虎布下鸿门宴，率车队押季桓子而去，自己驱车走在前面，他的堂弟阳越殿后。三年来一直如惊弓之鸟的季桓子感觉不妙，赶紧策反为自己驾车的林楚："您家祖祖辈辈都是我季孙氏良臣，希望您能继承传统。"

"晚了，阳虎已成气候。"

"不晚。您现在能带我去孟孙氏家吗？"

"臣不敢贪生，只怕于事无补。"

"快去！"

林楚飞车开溜，狂奔至孟孙氏家。季桓子得到保护。

阳虎索性发动政变，结果失败。"三桓"夺回政权，攻打阳虎。阳虎出逃，先至齐，后抵晋。

阳虎又做了赵鞅的家臣，做得风生水起，助赵氏兴隆。

大盗乎？奇才乎？家臣也狂野！

千年帝王术，核心为驭人术。或"杯酒释兵权"，或

"拉一派，打一派"，或"丢卒保车"，不一而足。

明万历朝内阁首辅张居正写过一部《驭人经》："吏不治，上无德也；吏不驭，上无术也；吏骄则叱之，吏狂则抑之，吏怠则警之，吏罪则罚之；驭才自明，驭庸自谦；驭人必驭士也，驭士必驭情也……"

家臣的狂野，实质是居高位者的权力没有用在该用的地方。

没有亘古不变的权力。在与赵鞅谈及可怜的鲁昭公时，晋国的史官史墨说了一句意味深长的话："社稷无常奉，君臣无常位，自古以然。"

国家并非一家之国，没有谁铁定是臣，也没有谁铁定是君，自古以来就是这样。

当文艺青年成为刺客

荆轲是个懦弱的文艺青年。

他在榆次和盖聂谈论剑术，盖聂觉得他乱弹琴，对他怒目而视，他屁都不敢放一个就走了，退了房，乘车离开榆次。

他在邯郸和鲁句践玩博戏，两人争执起来，鲁句践呵斥他，他又低着头默默走了，不再和鲁句践见面。

到燕国后，他天天和宰狗的屠夫、擅长击筑的高渐离在一起喝酒。喝高了，就在街市上，高渐离击筑，他和着节拍唱歌。唱嗨了，就时笑时哭，旁若无人。

他混在酒棍中，却喜欢读书；他游历诸国，结交贤士。

他是被田光和太子丹一步步拉入局的：善待他的田先生"自杀以激"，太子丹"前顿首，固请毋让"。而他，像常见的读书人那样，心软，重情义，纵然知道这是个死局，也硬着头皮作了许诺。一诺千金。

于是，完全不像个纯爷们的文艺青年荆轲，当了刺客。

这是"历史的误会"。

荆轲所能做的，不过是推迟自己死亡的时间。太子丹"车骑美女恣荆轲所欲"，"久之，荆轲未有行意"。太子丹花百金买得徐夫人之匕首，找来十三岁就杀人的秦舞阳为刺秦助手，荆轲借口等待一个朋友，仍然迟迟不上路。

太子丹起了疑心，怕他反悔，假意派秦舞阳先行。作为重名节的读书人，荆轲受不了这样的激将法，这是对他人格的侮辱。

于是，"风萧萧兮易水寒，壮士一去兮不复还"。

头也不回驱车赴秦的那一刻，文艺青年荆轲完成了身份的转换，变为一个刺客。

咸阳宫，殿前台阶下，秦舞阳脸色突变，害怕得发抖，荆轲回头朝他笑笑，帮他打圆场。

可惜，如鲁句践所说，荆轲剑术不精。图穷匕见之时，嬴政近在咫尺，荆轲却一败涂地。抓，抓不住；刺，刺不中；追，追不上；被嬴政拔出剑来砍断左腿后，举起匕首投刺，也没投准。

只能使出最后一招：倚柱而笑，箕踞以骂。"箕踞"为大不敬，也就是叉开两腿，像簸箕一样坐在地上。荆轲以这样一种傲视对方的姿态死去，死得像个真正的勇士。

战俘和反动派

齐灵公率军攻打鲁国边境，鲁国大夫臧坚在战斗中被俘。齐灵公派宦官夙沙卫去看望臧坚，并对他说，"你不会死"。

这个在今人看来送温暖的友好举动，在当时却是失礼的——宦官不能对贵族下令，更无权决定贵族的生死，哪怕只是传达国君的命令。在贵族臧坚看来，这无异于奇耻大辱。

臧坚向齐灵公所在的方向叩首："谨拜谢国君的命令。不过国君既然赐我不死，为何又故意派个宦官来传达厚爱之情？"（《左传·襄公十七年》）

士可杀不可辱。臧坚将小木桩刺进自己的伤口，流血至死。

这是战俘的骨气。没有临刑前高呼"打倒反动派"那么壮怀激烈，却守护了尊严。

还有一种骨气，是不卑不亢。

邲之战，晋国的荀䓨与父亲下军大夫荀首共同参战。晋军战败，荀䓨被楚人俘虏。听说这一消息后，本已撤退的荀首说，抓不到别人的儿子，就要不回自己的儿子，便杀了个回马枪，射杀楚国的连尹襄老，俘虏楚公子谷臣。

荀䓨在楚国为俘九年后，晋国方面提出：把公子谷臣和连尹襄老的尸首归还楚国，换回荀䓨。楚国人答应了。

荀䓨临行前，和楚共王有过一段精彩对话。

楚共王："您怨恨我吧？"

荀䓨："两国交战，下臣没有才能，不能胜任所当职务，所以做了俘虏。贵国没有用我的血来祭鼓，而让我回国领罪，这是君上的恩惠啊。下臣如此无能，哪里还敢怨恨谁呢？"

"那您感激我吗？"

"两国国君为自己的国家打算，希望百姓得到安宁，克制自己，互相谅解，释放战俘，以结成友好。这么重要的事，下臣未曾与谋，用得着感激谁呢？"

"您回去，打算怎么报答我？"

"下臣既不怨恨，君上也不值得感恩。既没有怨恨，也没有领受恩德，下臣不知道该报答什么。"

荀罃像一个内力绵厚的武林高手，随手一拨，便化解了对手的攻势，还将其带了个趔趄。

楚共王一脸尴尬："尽管如此，还是请把您的想法告诉我。"

"承君上的福佑，被囚的下臣得以带着这把骨头回晋国。如果寡君要军法从事杀掉我，我死而无憾，永垂不朽。如果寡君施恩赦免我，把我赐给您的外邦小臣荀首，家父经寡君批准，把我杀死在宗庙里，以告慰列祖列宗之灵，我同样死而无憾，永垂不朽。如果寡君不批准家父的请求，而让我承担敝国的职务，率领一支小小的军队保卫边疆，到那个时候，如果不幸与贵国军队交锋，我不会回避，而要竭尽全力与贵军死战，绝无二心，以尽到为臣的职责。这样的赤胆忠心，就是下臣可以报答君上您的。"

这番话，有礼，有力，让楚共王肃然起敬："晋国有您这样的人，我们怎么和它相争？"（《左传·成公三年》）

楚共王以隆重的礼仪送荀罃归晋。后来，荀罃步步高升，成为晋国正卿、中军将。

幸好，荀罃遇到的不是齐灵公，也不是反动派。

不是所有人都能在反动派面前顶得住。

楚康王时期，楚军入侵郑国，郑将皇颉战败，被楚将穿封戍俘虏。战事结束后，楚康王之弟公子围，也就是后来的楚灵王，不要脸地说皇颉是自己俘获的。穿封戍气坏了，和他大吵大闹。两人争执不下，请太宰伯州犁主持公道。

伯州犁说，这事好解决，问一下俘虏就行了。皇颉被带到他和穿封戍、公子围面前。他对皇颉说："这两位争夺的对象便是您，您是君子，有什么不明白的？"

这弦外有音的话，为接下来的精彩细节埋下伏笔。

（伯州犁）上其手，曰："夫子为王子围，寡君之贵介弟也。"下其手，曰："此子为穿封戍，方城外之县尹也。谁获子？"（《左传·襄公二十六年》）

简单两个手势，寥寥数语，一个趋炎附势的滑头形象呼之欲出。（"上下其手"这个成语就是这么来的）

面对国君之弟对区区县尹的压倒性优势，再加上一个教唆犯伯州犁，皇颉上了道："颉碰上王子，抵抗不住。"

穿封戍大怒，抽出戈来。公子围赶紧溜了，穿封戍没追上。皇颉被押回楚国。

皇颉怂了。你当然可以骂他：士人的骨气何在？墙头草！

但你别忘了，他是战俘，保命是本能选择。连孔夫子都说，可以不遵守被胁迫状态下订立的盟约。撒这么个谎，小节有亏，无关大义——毕竟，对他来说，无论公子围、穿封戌或伯州犁，都是反动派。

一切反动派都是纸老虎。讨好公子围的伯州犁后来不是反被此君干掉了吗？狂妄霸道的公子围，后来的楚灵王，不是死于走投无路吗？

实在要搞道德审判的话，还是先审判反动派吧。

局外人

庄子不大看得上那些世人称道的贤士，认为他们都是些过于重视名节而不顾念生命的人，比如不食周粟饿死在首阳山的伯夷、叔齐，比如"与女子期于梁下，女子不来，水至不去，抱梁柱而死"的尾生，比如"自割其股以食文公"的介子推。

割股奉君的故事，让介子推成为世人眼中的贤士榜样。不过，这事儿，《左传》和《史记》都没有记载。它更像是一个传说，就像附丽于后世那些高大全人物身上的传说一样。

在某种意义上，传说是一个民族的精神鸦片。

在某种意义上，和"善"一样，"贤"是总被高估的美德之一。

让我们暂且放下介子推的贤士之名，来看看这是怎样的一个人。

跟随重耳流浪期间，介子推做了什么，有何功绩，不见史书记载。

直到重耳结束流浪，带一帮随从回晋，到了黄河边，介子推才正式出场。

> 文公元年春，秦送重耳至河。咎犯曰："臣从君周旋天下，过亦多矣。臣犹知之，况于君乎？请从此去矣。"重耳曰："若反国，所不与子犯共者，河伯视之！"乃投璧河中，以与子犯谋。是时介子推从，在船中，乃笑曰："天实开公子，而子犯以为己功而要市于君，固足羞也。吾不忍与同位。"乃自隐渡河。
> （《史记·晋世家》）

这戏剧化的一幕，狐偃（咎犯）和重耳都在表演，介子推看破，也说破，揭了狐偃的老底，而上天支持公子兴起的意思，则是在提醒重耳头脑要清醒。

介子推为什么这么不"懂事"？是满腔正义，淡泊名利，还是自忖己功太小，回去也捞不到厚赏，还不如以此方式搏出位，留个贤名？

或者，有没有可能他就是看不惯，跟一帮看不惯的人群居生活十九年，他受够了，想要逃离？

十九年的群居生活，将这帮人紧紧捆绑在一起的，除了共同的利益追求，还有一种互相依存的心理习惯。

加缪在《局外人》里写道："大部分人总是表里不一，他们做的往往并非他们内心真正渴望的。他们都有一种群居意识，惧怕被疏离与被排斥，惧怕孤单无依靠。"

而少数人，如果和他人距离太近，时间一长，就本能地想要逃离，回到只属于自己的那个天地。而那个天地之外的世界，对于他们来说是荒诞的，毫无意义的。云上的日子，他们疏离于人群。他们是世界的局外人。

也许，介子推是为其一。

"自隐渡河"之后，介子推走上了一条自我放逐的不归路。

重耳即位为晋文公，赏赐跟随他流浪的人，"未至隐者介子推。推亦不言禄，禄亦不及"。介子推对母亲说："献公有九个儿子，只有国君（文公）还健在。惠公、怀公没有亲信，国内外的人都唾弃他们。上天不亡晋国，帮助公子，我们有了新的国君，这是天意啊，有些人却以为是自己的功劳，这不是很荒谬吗？偷别人的财物，就是盗贼，何况贪天之功以为己功的人呢？臣下遮掩罪过，主上赏赐奸佞，上下互相欺骗，我很难和他们相处！"

自外于肮脏的政治，才能保有属于自己的那个天地。介子推别无选择。

介子推的母亲对他说："你为什么不去请求赏赐呢？死的时候会不会后悔？"

"我怨恨那些人，再去仿效他们，罪过就大了。再说我把话都说到这份上了，决不吃国君的俸禄。"

"给国君说一下你现在的情况，怎么样？"

"说话，是身体的文饰。身体都想隐藏起来了，哪里还用得着文饰？那不过是去求人关注罢了。"

"你能像你说的这样做吗？我愿意和你一起隐居。"（《左传·僖公二十四年》）

母子俩至死没再露面。

介子推的随从替他抱不平，在文公的宫门口挂上一张牌子，上面写道："龙欲上天，五蛇为辅。龙已升云，四蛇各入其宇，一蛇独怨，终不见处所。"

文公出宫时，看见这几句话，明白了。他派人去找介子推，找不到，只听说他进了绵上山。他把整座绵上山封

给介子推，改其名为介山，"以记吾过，且旌善人"。（《史记·晋世家》）

在民间，此事被演绎出另一个传说：文公亲率人马到绵上山寻访介子推，山太大，没法寻，他下令烧山，想逼出介子推。结果，人没出来。后来，发现他和其母抱树而死。文公为纪念介子推，下令每年介子推被焚的那一天禁止烟火，只吃冷食，寒食节由此而来。

因为一块大腿肉和一个节日，介子推被推上了神坛。

一个无所谓"善"与"贤"、只想疏离人群的人，却被人们当成道德标杆长久惦记并消费。

谁能解释这种荒谬？

千年之问

　　人生是各种选择的总和。萨特说，人有选择的自由，但是人没有不选择的自由。

　　选择决定了人生的走向。弗罗斯特诗云：

　　　　一片森林里分出两条路，

　　　　而我选择了人迹更少的一条，

　　　　从此决定了我一生的道路。

　　选择的不可逆性，让一些人患上了选择恐惧症。

　　面对一个选择，雍姬心里有深深的恐惧。

　　雍姬是祭仲的女儿。祭仲，郑庄公时出任大夫，深受宠信。

郑庄公四十三年（前 701）夏天，庄公去世。祭仲拥立公子忽即位，是为郑昭公。宋庄公派人诱捕了祭仲，威胁他，如果不拥立公子突（宋国的雍姞所生），就杀掉他。祭仲只能答应，与宋国订立盟约。公子突在祭仲的帮助下取昭公而代之，是为郑厉公。

自恃有拥君之功的祭仲专权，郑厉公受不了，密派祭仲的女婿雍纠去杀他。

干掉老丈人的任务，雍纠接下了。说不定可以取而代之呢。

雍纠准备在郊外宴请祭仲。

也许是为了让雍姬有个心理准备，他把要杀老丈人的事告诉了老婆。

雍姬心慌意乱。她面临选择：要不要告诉父亲？告诉，夫死；不告诉，父死。可怜的女人，没有不选择的自由。

雍姬回了娘家，向母亲提出一个问题："父亲和丈夫哪个更亲？"

这个人类社会诞生以来让人纠结抓狂的问题，让雍姬陷入天人交战，痛苦不堪。无论什么答案，都令她不寒而栗。

她的母亲却不认为这是个问题："人尽夫也（成语人尽

可夫就是这么来的），父一而已，胡可比也？"

这话说得轻巧，也有道理，只是，如果这位护夫心切的母亲也面临她女儿这样的选择，她会选哪个？

雍姬做出了选择。也许，在她向母亲提问之前，她已经选好了。问，不过是减轻点负罪感罢了。

雍姬对父亲说："雍纠要宴请您，不过不是在家里，而是在郊外。这件事让我疑惑，所以告诉您。"

祭仲马上就懂了。他先下手为强，杀了雍纠，把他的尸体摆在一个池塘边。显然，这是向厉公示威。

厉公只能跑了。他用车载上雍纠的尸体，逃出郑国，边逃边骂："谋及妇人，宜其死也。"（《左传·桓公十五年》）

雍姬从史书上消隐了。而她的千年之问，仍困惑着今天的人们。

妈妈和老婆同时掉进河里，先救谁？

爸爸和老公有矛盾，该选择亲情还是爱情？

没有标准答案。这是人生之难，也是人生之幸。

收起你的高姿态

"躬自厚而薄责于人","舍己为人",向来为君子的高姿态。却有不少人困缚于此,以所谓高姿态,行鄙下之事。

《了凡四训》中有个故事:明朝大臣吕原内刚外和,与世无争,"初辞相位,归故里,海内仰之,如泰山北斗"。一天,一个醉酒的同乡跑到吕宅门前乱骂一通,吕原不为所动,对仆人说,喝醉的人,不必计较。他让仆人关起门来,不予理睬,向乡邻展示了自己的涵养。一年后,那个醉酒者犯了死罪,锒铛入狱。吕原懊悔不已:假如当时稍微与此人计较一下,送到官府惩治,可以通过小小的惩罚而使他有所规诫。当时只想心存仁厚,反而纵容了他的恶习,以致其滑入深渊。

在作者袁了凡看来,"此以善心而行恶事者也"。

只是为了满足自己心理的善，并非真善。这是孔子的观点。

孔子所在的鲁国有项规定：鲁国人如果能从别国诸侯那里把被俘获做奴隶的人赎回来，都可以得到官府的赏金。孔门高徒子贡善经商，很有钱，把被俘他国为奴的鲁人赎了回来，却不领受赏金，一副义薄云天的样子。孔子听说后，很不高兴：子贡做得不对啊！"夫圣人之举事，可以移风易俗，而教导可施于百姓，非独适己之行也。"（《吕氏春秋·察微》）现在鲁国富人少、穷人多，如果领了赏金就被大家看作贪财、不廉洁，那谁还愿意去赎人呢？恐怕从今以后，赎人善举要绝迹了。

孔子生气的是，子贡带了个坏头——论功行赏、按劳取酬，天经地义，不以贫富为转移。以"适己之行"公然挑战这一规则，无异于断了所有人的生路。

各就其位，各得其所，为世间法则。很多时候，摆出高姿态，是为失分寸。

明初巨富沈万三拿出家财帮朱元璋修筑城墙，甚至要用百万两黄金代替皇帝犒赏三军，终触犯龙颜，落得个籍没家产、发配边陲的下场。

孔子的另一高徒子路，性虽伉直，却懂得行善的分寸。

他救起一个溺水的人，对方送他一头牛作酬谢，他笑纳之。孔子听说后，喜形于色：从今以后，鲁国就会有很多人去拯救溺水者了。

公众人物之一言一行，"教导可施于百姓"，摆高姿态者不得不慎。

战国时历仕鲁、魏、楚三国的吴起，最喜欢在公众面前摆高姿态。他出仕前，夫人织一块布，织完一量，发现不符合政府规定的尺寸，窄了点。吴起让她把布拆了重织。结果，重新织出来的布，还是比政府规定的窄。吴起发火，质问她为什么不守法，故意对抗政府。夫人解释说，织布机上的经线已经固定好，重织的时候也没法改尺寸了。吴起大怒，一纸休书休了妻。后来，鲁穆公想起用吴起抗齐，却又顾虑吴起再娶的夫人是齐国人，怕他当"带路党"。吴起就把夫人杀了，以证清白。他如愿当上将军。这个狠角色在士兵面前也是一副义重情深的样子。一个士兵生了疮，他俯身用嘴为其吸疮脓，士兵受宠若惊。士兵的母亲知道这事后大哭起来。旁人不解，她说："往年吴将军也为我丈夫吸过疮脓，丈夫作战时只顾拼命，战死了。现在吴将军又来吸疮脓，我儿危险啦。"（《史记·孙子吴起列传》）

摆出人命的高姿态，是为大恶。

大义灭亲，举报家人，也是。

坚守岗位，父母病危不回，也是。

借口"都是为你好"而捆绑孩子的人生，更是。

兄弟抢妻，有理者无礼

公元前 541 年，郑国执政卿子产遇到一件有些八卦的棘手案子：一对同为大夫的堂兄弟抢妻。

郑国大夫徐吾犯的妹妹很漂亮，有两位公孙先生都想娶她：一位是上大夫公孙黑；一位是公孙黑的堂弟，下大夫公孙楚。公孙楚已经和她订了婚，公孙黑又强行送去聘礼。

徐吾犯犯愁，请子产出个主意。子产说："这是国家政事混乱的表现，本不应该让您这么为难。这样吧，让您的妹妹自己选，愿意嫁给谁就嫁给谁。"

徐吾犯对两位公孙先生说了这事，他们都同意了。

两人如约来到徐吾犯家。公孙黑盛装打扮，送上财礼，走了。公孙楚一身军服进来，左右开弓，摆了几个猛男的

Pose，跃上战车，潇洒而去。

在房间内偷看的姑娘说，公孙黑确实是帅哥，不过公孙楚更像真正的男子汉。她嫁给了公孙楚。

公孙黑不肯善罢甘休，把皮甲穿在外衣里，闯进公孙楚家，想要杀死他，再夺走他的妻子，结果反被识破这一企图的公孙楚追打，用戈击伤。

公孙黑对其他大夫撒谎："我很友好地去见他，哪知道他居心不良，把我伤了。"

大夫们议论纷纷，等着看子产的态度。

用今天的眼光看，这个案子一点也不难断——一个美女，兄弟俩公平竞争，弟弟胜出，已经把人家娶过门了，当哥哥的无理取闹，强闯民宅，涉嫌杀人和强夺他人之妻。弟弟则为正当防卫，顶多算防卫过当。

子产却把罪过算到了弟弟头上。因为，弟弟虽有理，却无礼。

且听子产派人抓住公孙楚后是怎么对他说的："国家的大节有五条：惧怕国君的威严，听从他的政令，尊重贵人，事奉长者，奉养亲属。这五条，你都触犯了。现在国君住在国都里，你动用武器，这是不惧怕他的威严；触犯国家的法纪，这是不听从政令；公孙黑是上大夫，你是下大夫，却不肯居于其下，这是不尊重贵人；年纪轻而不恭敬，这是不事奉长者；用武器对付堂兄，这是不奉养亲属。国君赦免了你的死罪，让你到远方去。你还是快走吧！"

子产说的是礼治原则，核心意思可以概括为《礼记》中的话："所以官序贵贱各得其宜也，所以示后世有尊卑长幼之序也。"将地位较低、年纪较轻的公孙楚驱逐出境，算是维护了礼。

这事，怎么看子产都干得有点不对劲。他可是有名的贤相啊，为什么这么死板，不讲法，只讲礼？

其实，子产内心也纠结。被驱逐到吴国的公孙楚启程前，子产征求郑卿子太叔的意见。子太叔说："这事不仅仅是私人恩怨，还关系到国家政治。您为郑国打算，有利于国家就去办，又有什么可疑虑的呢？周公杀死管叔，放逐蔡叔，难道不爱兄弟？是为了巩固王室啊！"（《左传·昭公元年》）

子产这才下了决心，让公孙楚上路。作为政治家，他只能这么办；而作为一个人，他的内心一定充满了对公孙楚的同情和歉意。

第二年，公孙黑准备发动叛乱，因旧伤发作，未遂。这次，子产对他不再客气，历数他的罪状，包括抢妻之举，要他自尽。

公孙黑求情："我早晚会死，请不要助天为虐。"子产说："人谁不死？恶人不得善终，这是天命。我不助天，难道助恶人？"

公孙黑只好去上吊。子产让他暴尸街头，身上还放了一块书其罪状的木简。（《左传·昭公二年》）

正义的迟来，促使子产去思考一个问题：如何在不颠覆礼治根基的前提下，让百姓敬畏法律？

四年后，子产做出了一个震惊天下的举动：把刑法的条文铸在鼎上，公之于众。

此举深深地刺激了担心礼崩乐坏的士大夫们。

素有贤名的晋国大夫叔向给子产写了一封信："本来我对您寄予厚望，这下完了。从前，先王以礼治国，不制定刑法，是怕老百姓有好斗之心，发生祸乱。如果制定刑法，公之于众，老百姓就只知道刑法而不知道对上恭敬，只知道律条而不知道礼仪，刑法的一字一句，都要争个明白，甚至抠法律条文的字眼来逃避惩罚，犯法的案件会更多，贿赂会层出不穷。这么一来，不就乱套了吗？《诗经》上说：'仪式刑文王之典，日靖四方。'又说：'仪刑文王，万邦作孚。'像这样，何必要有刑法？在您活着的时候，郑国恐怕要衰败了吧？我听说，'国将亡，必多制'，恐怕说的就是这个吧！"

子产不跟叔向争论。"您说的有道理。不过，我没有什么才能，没法考虑得太远，只想挽救当前的世界。"他复信说，"虽然不能接受您的命令，却不敢忘了您的恩德。"

另一位晋国大夫士文伯说风凉话："子产用火来铸造刑器，其中包藏着引起争论的法律。大火星出现时，郑国恐怕会发生火灾吧！"

不久，郑国果然发生了火灾。（《左传·昭公六年》）

这一下，反对子产的人更来劲了。

子产还是不争论。除了让时间来证明一切，他还能怎么办呢？

当冤案发生

　　晋国的理官（司法官）士景伯去了楚国，大夫叔鱼（羊舌鲋）代理他的职务，审判一桩土地纠纷案。

　　当事人是两个很有地位的人物——邢侯和雍子，他们争夺鄐地的田产，闹得不可开交。在明眼人看来，罪过在于雍子。

　　叔鱼接手此案后，雍子把女儿嫁给了他。

　　叔鱼不问是非曲直，宣判刑侯有罪。

　　邢侯怒了，在朝廷上杀了叔鱼和雍子。

　　晋卿韩宣子问上大夫叔向——叔鱼的异母兄，这起案件该怎样治罪。

　　叔向说："三个人都有罪。雍子知道自己的罪过，用他女儿作为贿赂来取得胜诉；叔鱼出卖法律；邢侯擅自杀人。

自己有罪恶而掠取别人的美名就是昏，贪婪而败坏职责就是墨，杀人而没有顾忌就是贼。《夏书》说：'昏、墨、贼，杀。'这是皋陶（上古时代的理官，推行'五刑''五教'，被奉为中国司法鼻祖）的刑法，请照办。"

邢侯被杀，其尸体和雍子、叔鱼的尸体一同列于街市示众。

孔子得知此事后感叹："叔向有古代流传下来的正直作风啊，治国制刑，不包庇亲人。"（《左传·昭公十四年》）

晋国的另一个理官李离，则是不包庇自己。

李离发现自己断案时因判断有误而枉杀人命，自囚于狱，请判死罪。

晋文公准备放他一马："官职贵贱不一，刑罚轻重有别。这是你手下官吏有过失，不是你的罪责。"

李离不领情："我是长官，不曾把高位让给下属；我领取的俸禄很多，不曾把好处分给下属；现在我渎职，却要把罪责推给下属，这是什么道理？"

文公有一种被打脸的感觉，急了："你认定自己有罪，那么我也有罪吗？"

李离从容回应："法官断案有法规，错判刑就要亲自受刑，错杀人就要以死偿命。君上因为臣能听察隐情事理，

决断疑难案件，秉公执法，才让我做法官。现在我听察案情有误而枉杀人命，应该被判死罪。"（《史记·循吏列传》）

虽君命不可违，但法律高于君命，高于生命。

李离不肯接受文公的赦令，伏剑而死。

有个问题李离顾不上了：如果按他这样的标准，有多少后世的法官都活不成？

公众对法治的信心，取决于一次次公正的审判，更取决于对冤案以及枉法者的处理。清末著名冤案——杨乃武与小白菜案发生后，《申报》评论枉法之恶："盖民为邦本，本固邦宁，岂有听人日残其邦本，犹能望其邦之兴旺乎？"

当冤案发生，每个人都徘徊在死刑的边缘。从这个意义上说，李离的死，并非矫枉过正，而是置之死地而后生。

07

一

义

士

弑君事件中的义人们

上帝要毁灭淫城索多玛。亚伯拉罕为索多玛祈求。上帝答应他，只要城里有十个义人，就不毁灭这城。结果没有。

灭城前，上帝派天使将城里的亚伯拉罕侄儿罗得一家救出。天使嘱咐他们立即离开，往山上跑，不能停留，不能回头看。

上帝从天上往索多玛城降下硫黄与火。如同烧窑一般，一时火光冲天，烟气上腾，整座城及城里所有的居民，都毁灭了。

跑在后边的罗得之妻顾念故土，不顾天使的警告，回头一望，马上就变成了一根盐柱。

《圣经》里的这个故事，是一则关于人类命运的寓言。

盐柱，一直立在那儿。

现在，让我们回头看看两千多年前的一个中国故事。它发生于公元前 607 年。《春秋》对它的记载只有短短一句："秋九月乙丑，晋赵盾弑其君夷皋。"

而《左传》对此事的记载，以"晋灵公不君"开头。对，就是那个喜欢在高台上拿弹弓射人的年轻昏君。

此君之恶，在一次杀人事件后激起公愤：仅仅因为御厨烧熊掌烧得不熟，灵公就杀死他，还把他的尸体剁成几块，放在畚箕里，让女人用头顶着走过朝廷。正卿赵盾和大夫士会看到死人的手，问起杀人的缘故，又惊又气。

赵盾正要进谏，士会对他说："您去劝谏国君，他如果听不进去，就没有人敢再谏了。请让士会先去，他不听，您再去。"

士会去见灵公时往前走了三次，走到屋檐下，灵公才转眼看他："我知道错了，打算改正。"

士会叩头："人谁无过？过而能改，善莫大焉。《诗经》上说：'靡不有初，鲜克有终。'如果像这样，能够弥补过错的人就很少了。君能'有终'，就是国家之福。"

灵公口头上说要改过，却依然我行我素。

赵盾进谏，灵公也不听。再谏，如是多次。

灵公不堪其扰，派大力士鉏麑去刺杀赵盾。

天还没亮，鉏麑潜入赵宅，赵盾卧室的门已经打开。上朝时间还早，赵盾一身整齐的朝服，端坐着闭目养神。

鉏麑退出来，叹气道："不忘恭敬，民之主也。贼民之主，不忠。弃君之命，不信。有一于此，不如死也。"一头撞在槐树上，死了。

忠信何以两全？这是义人的两难，义人的死结。

九月，灵公设宴请赵盾喝酒，事先埋伏了身穿铠甲的武士。赵盾一去，他的车右提弥明感觉不对，快步上堂："臣子侍奉国君饮酒，超过了三杯，不合乎礼仪。"赶紧扶赵盾下堂。灵公唤出他的獒犬来咬赵盾。提弥明徒手与獒犬搏斗，将它打死。赵盾愤怒不已："不用人而用狗，即使凶猛，又有何用！"武士们冲过来，他俩且战且退。提弥明战死了。

危急时分，一个武士倒戈，与赵盾合力将其他武士杀死。赵盾问他是谁，他说："我是翳桑那个饿倒的人。"

多年前，赵盾在翳桑一地看见一个人倒在地上，虚弱之极。赵盾问他有什么病，他说，已经三天没吃东西了。赵盾给他吃的，他留下一半，说他在外学习、做官已经三年，不知母亲还在不在，现在快到家了，给老人家留点吃的。赵盾让他把食物吃完，又拿袋子装了一些饭和肉给他。后来，他做了灵公的武士。

赵盾问他的姓名住处，他不回答，逃亡了。

赵盾也踏上了逃亡路。

九月二十六日，赵盾的堂弟赵穿在桃园杀死了灵公。当时，赵盾还没逃出国境。他听说这一消息后，回来收拾乱局，派赵穿到成周迎回公子黑臀，立为国君，是为晋成公。赵盾继续执政。

太史董狐记史："赵盾弑其君。"在朝堂上公布。

赵盾不服："我没弑君。"

董狐说："您是正卿，事发时虽在逃亡，但还没出国境，回来又不惩罚凶手，弑君者不是您是谁？"

按礼法，弑君事件，事发时如臣子已越境则君臣之义断绝，与此事无关，反之则脱不了干系。

赵盾只能认了："呜呼，《诗经》里那句'我之怀矣，自诒伊戚'，说的就是我啊！"

因对故土的眷恋不舍而放慢了脚步，结果不得不承受罪名，这是一种刻骨的忧伤。正如罗得之妻那永恒的回望。

同样记下"赵盾弑其君"的孔子感慨："董狐，古代的好史官，据实直书而不加隐讳。赵宣子（赵盾谥号'宣'），

古代的好大夫，因为法度而蒙受恶名。太可惜了，他要是出了国境，就可以不背弑君的罪名了。"（《左传·宣公二年》）

董狐直笔，记的是史之境。孔子之言，说的是史之情。情境融合之后，那些人和事，才在史书上鲜活起来，让我们有了"同情之理解"。

就像罗得之妻明知有危险仍要回头一望，鉏麑将忠与信看得重于自己的生命，提弥明可以临阵脱逃却护主至死，倒戈武士为报救命之恩惹来杀身之祸，董狐敢于向权力说真话，义不过是不愿陷入泥坑的一步超拔，守护精神家园的一点执念。

义人，是世间的盐。

盐柱，一直立在那儿。

一位失败的高贵的刺客

这是一位失败的刺客。两次行刺未遂，最后只能挥剑刺向被刺者的衣服，象征性地完成刺杀。

这是一位高贵的刺客。留下一句"士为知己者死"，从容赴死。

豫让，晋国人，一直做大宗族的家臣。

春秋晚期，晋国大宗族为赵、魏、韩、范、智、中行氏六家。豫让曾经侍奉范氏和中行氏，未获重视，默默无闻。后来，他做了智伯的家臣，智伯器重他。

当时赵氏首领是赵襄子，有贤名。智伯联合韩、魏两家攻打赵襄子，结果韩、魏反被赵襄子以"唇亡齿寒"的道理策反，三家合谋灭了智伯，瓜分其土地。智伯被杀，赵襄子为了解恨，把他的头盖骨漆成饮酒之具。

豫让潜逃到山中，说出一番掷地有声的话："嗟乎！士为知己者死，女为悦己者容。今智伯知我，我必为报雠而死，以报智伯，则吾魂魄不愧矣。"

豫让更名改姓，潜入晋阳，假扮成受过刑的犯人，进入赵襄子宫中去修整厕所，身上藏着匕首。

赵襄子上厕所，突然心悸，警觉起来，派侍卫鞫问修整厕所的犯人。一搜身，豫让现了形。

豫让面不改色心不跳，高喊："欲为智伯报仇！"

侍卫要杀掉豫让。赵襄子说："这是一位义士，我今后小心回避就是了。况且智伯死后没有继承人，而他的家臣竟然来替他报仇，这是天下的贤人啊。"他把豫让放走了。

也许，赵襄子领会了天意——正当其时的心悸，是天不亡己。而将仇敌头盖骨做成酒具，确是过火了，应谨言慎行，善待义人。

豫让岂肯善罢甘休。他拔掉眉毛和胡子，在身上涂满油漆，使皮肤肿烂，像得了癞疮。为了验证整容效果，他假扮成乞丐去要饭。走到家门口，连妻子都认不出他了，只是说："这人的声音怎么那么像我丈夫呢？"豫让又吞火炭，使嗓子变得嘶哑，说话声音大变。

豫让再去家门口要饭。现在，他的声音连妻子也听不出来了。

豫让以为再也没有人能认出自己，却被一个朋友拉住：

"这不是豫让吗？怎么变成这样了？"

"是我。"豫让一脸尴尬。

朋友流泪了："凭您的才能，如果去侍奉赵襄子，他一定会器重您。到那时，您再去干您想干的事，不是很容易吗？何必用自残的方法来报仇呢？"

豫让说："不行。侍奉人家后，又杀掉他，这是怀着异心事君。我知道我选择的做法非常难，可是我之所以这么做，就是要使后世那些怀异心事君的臣子感到惭愧！"

豫让潜伏在赵襄子外出时必经的桥下。赵襄子乘坐的马车来到桥上，马突然受惊。老天爷又一次帮了赵襄子。他心有感应，喊道："一定是豫让！"

侍卫出动，将豫让拿下。

赵襄子紧盯着豫让："您不是侍奉过范氏、中行氏吗？智伯把他们都消灭了，您怎么不替他们报仇，反而托身为智伯的家臣呢？现在智伯已经死了，您为什么偏要急着为他报仇呢？"

豫让说："我侍奉范氏、中行氏，他们都把我当作一般人看待，所以我也像一般人那样报答他们。而智伯把我当作国士看待，我就要像国士那样报答他。"

国士精神，正如梁启超在《中国之武士道》一书中所说："要而论之，则国家重于生命，朋友重于生命，职守重于生命，然诺重于生命，恩仇重于生命，名誉重于生命，道义重于生命，是即我先民脑识中最高尚纯粹之理想，而当时社会上普通之习性也。"

豫让的"国士报之"，显然是准备以死相报。赵襄子流泪了，喟然长叹："哎呀，豫让先生，您为智伯尽忠，声名已经成就；而我对于先生，也够意思了。请先生做好准备，我不能再放过您了！"他命令侍卫把豫让团团围住。

显然，赵襄子是要让豫让在战斗中体面地死去。对武士而言，这是一种最大的尊重。

豫让却不迎战。他昂然直面赵襄子："我听说，明主不掩人之美，而忠臣有死名之义。以前您宽恕了我，天下人都称道您的贤明。今日之事，我本当受死罪，只希望能得到您的衣服，刺它几下，也算了却我报仇之愿，死而无憾。斗胆请您成全！"

赵襄子闻之动容，脱下衣服，让人交给豫让。

豫让拔剑，跳起来击刺那衣服："我终于可以报答智伯于九泉之下了！"

连刺三剑，两行清泪。

三剑之后，豫让从容自刎。

"赵国志士闻之，皆为涕泣"，为一位失败的高贵的刺客。（《史记·刺客列传》）

汪精卫也曾是这样的刺客。1910年春，他行刺摄政王载沣，失败。庭讯时，他痛陈中国即将亡于列强，斥责清廷立宪之虚伪。当汪精卫对主审官肃亲王善耆说自己是同盟会机关报《民报》主笔时，善耆立即躬身而立——这位朝廷中的新派人物读了很多期被内廷特务作为"内参"送呈阅览的《民报》，叹服革命党人的见识和文采，有时还会为《民报》上的文章拍案叫绝，说"汉书可以下酒"。

狱中，汪精卫抱必死之心，吟出："慷慨歌燕市，从容作楚囚。引刀成一快，不负少年头。"

到此为止，这是一个谋大义的现代版豫让。可惜，历史跟他开了一个大大的玩笑。

肃亲王找摄政王说情后，对汪精卫从宽判处，改死刑为终身监禁。武昌起义后，汪精卫由袁世凯开释出狱。

死里逃生，为汪氏之幸，亦为大不幸。

在党派政治的泥潭里摸爬滚打多年之后，汪精卫失掉了少时的锐气。

1935 年 11 月，在南京国民党中央党部，曾经的刺客汪精卫被高呼"打倒卖国贼"的刺客孙凤鸣行刺，连中三枪。孙凤鸣被汪精卫的卫士开枪击倒，死去。汪精卫再次侥幸活下来，却留下致命伤。

这是一个关于刺客的黑色幽默。

刺客最大的悲哀，不是行刺未遂，而是变成与行刺对象一样的人。

杀手和侠女

古希腊悲剧经典《安提戈涅》中，俄狄浦斯的女儿安提戈涅不顾国王克瑞翁的禁令，以遵循"天条"为由，将反叛城邦的哥哥波吕尼刻斯安葬，而被处死。

在东方，也有一个安提戈涅，她为杀手弟弟而死。

聂政并不是职业杀手。偶然杀了人，为躲仇家，和母亲、姐姐一起从故乡魏国轵邑逃到齐国，当起了屠夫。

韩哀侯时期，韩国大夫严仲子和国相侠累结下仇怨。严仲子怕被侠累下毒手，逃走了。他四处寻访能替自己报仇的杀手。到了齐国，听说聂政是个勇士。

严仲子多次登门拜访聂政。聂政的老母亲过生日，严仲子备办了寿宴，捧杯向老人家敬酒。席间，他献上黄金一百镒。面对厚礼，聂政坚决辞谢。

严仲子避开旁人，对聂政说："我有仇人，我周游列国，都没找到能替我报仇的人。来到齐国，听说您很重义气，所以献上百金。我很想跟您交个朋友，没有别的索求！"

这话，聂政一听就懂了。"我在这儿做个屠夫，只是希望凭此奉养老母。老母在世，我不敢对别人有什么许诺。"

严仲子执意赠金，聂政死活不收。严仲子尽到礼节，告辞而去。

买凶杀人者遇到一个孝子，钱也没送出去，看来没戏了。

其实不然。聂政被严仲子感动了。在他心里，对方屈尊结交的情分，远远重于黄金百镒。

过了很久，聂政的母亲去世了。守丧三年后，聂政去卫国找到严仲子，直截了当地说："如今，老母已享尽天年。您的仇人是谁？请让我办这件事吧！"

严仲子大喜过望，告诉聂政，仇人是韩国的国相侠累，韩侯的叔父，名门大族，府宅防卫森严，下手很难，所以要配一些壮士做他的助手。

聂政一个助手也不要。他担心的是，卫国距韩国不远，一群人去刺杀人家的国相，人多嘴杂，走漏消息。

聂政只身执剑而去。抵达韩国都城，到了相府外，看见侠累正坐在堂上，身边持戈荷戟的护卫很多。

聂政径直而入，上了台阶，趁护卫们来不及反应，一剑刺死侠累。

一片大乱。护卫们围住聂政。他一声长啸，击杀数十人。

但他逃不出去了。增援护卫又至，里三层外三层。

聂政持剑自毁：割掉面皮，挖出双眼，剖开肚皮，流出肠子，倒地气绝。

这惨烈的一幕，惊呆了在场的所有人。这个杀手，如此决绝。

韩国朝廷把聂政的尸体列于街市，出赏金查问凶手底细。没人知道。朝廷又悬赏：说出杀死国相的主谋，赏千金。过了很久，仍然没人知道。

聂政的姐姐聂荣听说了这事，有不祥的预感，赶往韩国。到了陈尸的街市，一眼认出弟弟，伏尸大哭："这是我弟弟聂政啊。"

围观者对她说："我们国君正悬赏追查这个刺客，夫人没听说吗？怎么还敢来认尸？"

聂荣说："我听说了。我这苦命的弟弟，先前忍辱负重，屈身市井，是因为老母健在，我还没有出嫁，他放心不下亲人。现在，老母去世，我已嫁人，而严仲子对他恩情深厚，他还能怎么办呢？勇士本来就应该替知己牺牲性命啊！我这苦命的弟弟，因为我还活在世上，死之前自行毁坏面容和躯体，让人不能辨认，以免牵连我，我怎么能因为害怕杀身之祸而苟活于世，埋没弟弟的英名呢？"

围观者大为震惊。

聂荣高唤三声"天哪"，哀伤难抑，哭死在聂政身边。（《史记·刺客列传》）

不惜自毁以保护亲人的聂政，是有情有义的侠士；而以死相殉的聂荣，亦是侠女。

"其言必信，其行必果，已诺必诚，不爱其躯，赴士之厄困"，这是司马迁定义的"侠"。

侠之大者，为国为民。

1941年，在成都的一次空战中，飞行员林恒在英勇击落一架日机后，被敌机击中，壮烈殉国，年仅二十六岁。

三年后，烈士的姐姐林徽因写下长诗《哭三弟恒》：

弟弟，我没有适合时代的语言

来哀悼你的死；

它是时代向你的要求，

简单的，你给了。

这冷酷简单的壮烈是时代的诗

这沉默的光荣是你。

······

今天你没有儿女牵挂需要抚恤同安慰，

而万千国人像已忘掉，你死是为了谁！

　　这诗，不仅是写给林恒一个人的，也是一个女人书写的侠义时代的挽歌。

　　女人的勇敢、深情和敏感，使得侠者留其名，也使得她们几乎是凭本能就把握了世道人心的变化。她们遵循"天条"，发自内心的呼喊，如同侠士手中的剑。

　　"万千国人像已忘掉，你死是为了谁"，如一道剑锋，刺向一个萎靡而功利的民族。

中国好司机

鲁庄公率军和宋国人作战，他的战车驾驶员是县贲父，车右是卜国。战斗中，拉车的马突然受惊，车翻倒了，庄公摔下车来。

副车上的人递下绳子，拉庄公上了副车。

庄公埋怨他的车右："卜国啊，没有勇力呀！"

没等卜国接话，县贲父说："以前没有翻过车，今天却车翻人坠，只能怪下臣不够英勇！"说完，他驾车冲入敌阵，与卜国一起力战而死。

战后，马夫洗马时，发现县贲父所御的马大腿内侧中了一箭。庄公叹气："原来翻车不是他们的罪过。"

庄公作文追述县贲父和卜国的功德。为士人写诔文的风气，自此而兴。（《礼记·檀弓上》）

当时，御者、车右都是士人，重名节，极品驾驶员层出不穷。

郑国攻打陈国，郑军攻破了陈国的都城，陈哀公扶着他的太子偃师仓皇步行出宫，逃到坟地里，碰到坐车的司马桓子，哀公对他说："用车装上我！"司马桓子冷言道："我正打算巡城呢。"哀公真够哀的，没法发作，继续逃。又碰到大臣贾获驾一辆车，拉着他的母亲和妻子外逃。贾获看到狼狈的国君，马上让母亲和妻子随自己下车，请哀公父子上了他的车。哀公不忍心："留下您母亲吧。"贾获摇头："妇女和您同车，不吉祥。"他和妻子一起扶着母亲逃到坟地里，免于祸难。（《左传·襄公二十五年》）

这真是头可断，规矩不能乱。

因为守规矩，逢大夫丢掉了两个儿子的性命。

晋楚邲之战，晋军败退，此前违令擅自出击的晋国大夫赵旃解了拉车的两匹好马身上的缰绳，让叔父和哥哥各骑一匹逃走，他用其他的马拉车，驾车回撤。结果因为此前耽搁了时间，楚国人追近。情急之下，他弃车而逃，跑进树林里。

慌乱间，赵旃眼前一亮：前面有一辆逃跑中的晋军战车。定睛一看，车上是同僚逢大夫和他的两个儿子。赵旃大喊："逢大夫，救命啊。"

逢大夫对两个儿子说，谁也不许回头。没想到两个儿子偏要回头，还直嚷："爹，赵老头在后面呢。"逢大夫气得要命，这下子，不救赵旃就说不过去了——在战场上搭救同僚，是贵族的义务。由于车上没地方了，他忍痛让两个儿子下了车，指着一棵树对他们说："回头我来这儿给你俩收尸。"两个善良的小伙子哭了。

第二天，逢大夫回到那棵树下，看见两具叠压的尸首。（《左传·宣公十二年》）

这事怪谁呢？赵旃，逢大夫，两个小伙子，似乎都有责任。不过，换一个角度想，两个儿子是在成全父亲。"父有争子（直言规劝父母的儿子），则身不陷于不义。"

身不陷于不义，正是逢大夫舍子救人的动机所在。虽然以现实的眼光来看，两命换一命，这事干得实在有点缺心眼。

明智的人懂得，战车时代，手握驾车的缰绳，就是手握一种权力。"使用权力很容易，难在晓得什么时候不去用它。"

晏子当齐国相国，有一天乘车出门，他的车夫之妻从门缝里偷看其夫。那男人昂首挺胸坐在车伞下，甩手鞭打车前的四匹马，趾高气扬。

车夫回来后，他妻子提出离婚。车夫蒙了，问她为什么。妻子说："晏子身高不足六尺，身为齐相，名满天下。今天我看他出门，一副志向远大、深谋远虑的样子，也很谦和。你呢，身高八尺，做人家的车夫，却是一副志得意满的样子，我不想再跟你过了。"

妻子的激将法有了效果。自此以后，车夫处处收敛，谦卑多了。晏子觉得奇怪，就问他怎么回事。车夫说出实情。晏子推荐他做了大夫。(《史记·管晏列传》)

这事，堪称中国好司机励志版。

看来，今天的中国司机们，需要导航到两千多年前，去寻找方向感。

08
—

说客

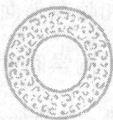

舌头还在就好

有人说，人一生中说的95％的话都是废话。这话，张仪可能会加上后半句：当大官的，都是废话说得好的。

张仪在云梦山跟鬼谷子学习期间，为了多学点谋生本领，经常偷同学的毛笔和晾在外面的衣服，结果被偷了衣服的人只好去偷别人的，同学间偷来偷去，穿的都是别人的衣服。这个小偷速成班，公推张仪为班长。

偷名在外的张仪，后来到了楚国，一时找不到饭碗，天天在外面蹭饭。一天，他去楚国的国相家蹭饭，席间，国相家的一块玉璧不见了，国相的门客们都怀疑是惯犯张仪偷的，把他痛打一顿。

遍体鳞伤的张仪回家后，老婆数落他："要不是你不务正业，一门心思想靠耍嘴皮子吃饭，哪会受这种侮辱？"

张仪也不恼，问老婆："你看看我的舌头还在不在？"

老婆看了看："在呀。"

张仪笑道："舌头还在就好。"

后来，张仪向老婆证明了这根舌头的价值：他窜于各国之间，以"连横"之术，两度为秦相，两度为魏相，左右逢源。

张仪跑到楚国去，游说楚怀王和盟友齐国断交，与秦国交好，表示愿意把秦国商於六百里地献给楚国作为回报。怀王信以为真，一面派人赴齐宣布断交，一面派人随张仪去秦国接收土地。回秦后，张仪称病，三月不上朝。怀王以为他闹情绪是嫌楚与齐断交不坚决，又专门派了一个特别会骂人的勇士跑到齐国痛骂齐宣王。齐宣王大怒，回骂楚怀王，宣布绝交。这时候，张仪才又现身。楚国使者问他献地之事，他说："从某某到某某，六里之地，给你们了。"使者傻了："不是说好的六百里地吗？"张仪一脸无辜："什么六百里地，我哪有六百里地送人？那六里地是我的封邑，快拿去吧。"楚怀王听说后，狂骂张仪是个大骗子，发兵攻秦。

楚怀王本来准备揍秦国一顿，结果反被修理了。张仪又厚起脸皮跑到楚国，准备对怀王施展连拉带打之术。怀王正想找机会报复张仪呢，没想到他居然主动送上门来，马上关进牢里，要杀了他。

张仪交好的楚国大夫靳尚赶紧运作怀王宠妃郑袖，连骗带吓唬："您知道您将被大王鄙弃了吗？秦君为了救张仪，将给怀王进献美女。"郑袖给怀王大吹枕边风，怀王也就赦免了张仪，厚待之，并听信了张仪的说辞，重新亲善秦国。张仪带上黄金般的舌头，成功脱身。（《史记·张仪列传》）

有些舌头，可省大笔军费，比黄金还值钱。

比如毛遂先生的舌头。这位平原君的门客为中国人贡献了两个成语：毛遂自荐、三寸不烂之舌。平原君夸他："毛先生以三寸之舌，强于百万之师。"（《史记·平原君虞卿列传》）

舌头妙就妙在，它藏于口中，可灿若莲花，可含而不发。有时候，它不动用，更有力量。

冯梦龙在《智囊全集·见大》中讲了一个故事：北宋初年，广陵有一个大才子，名徐铉。此人不仅博学多识，且辩才无碍，官当得不大，但名气很大。

当地官府派徐铉到京城进贡。按照惯例，朝廷要派一个官员先过去，随徐铉一路押贡。

早朝时，赵匡胤问大臣们：谁愿意去一趟广陵？结果，满朝文武没一个吱声的，都担心自己的口才不如徐铉，在他面前丢脸。

赵匡胤让人报上十个不识字的殿前侍卫的名单，看过以后，御笔圈了其中一个名字："此人即可。"

皇上派个没文化的武夫去见大才子？满朝文武都惊呆了，不过谁也不敢多问。

被钦点的殿前侍卫也惊呆了，战战兢兢地领了旨，硬着头皮去了江南。

徐铉一看中央来人了，表现欲顿起，开始卖弄，谈古论今，滔滔不绝。殿前侍卫肚子里没半点墨水，根本不敢开口，只好不住地点头。徐铉见此人如此沉得住气，吃不准对方的深浅，心里有点打鼓。

两个人一起住了几天，殿前侍卫始终是老鼠不出洞，不和徐铉多说一句话。而徐铉连续说了几天的单口相声，筋疲力尽，再也不吭声了，安安静静地跟着对方到了京城。

沉默是金，每一根舌头，都有它的价值。

沉默的大多数，尤其要用好自己的舌头。从海德格尔的"语言即思"到福柯的"话语即权力"，舌头还在就好。

二流子的唾沫

以"合纵"之名在诸侯间搬弄是非的著名说客苏秦，原本是个二流子，却在受过刺激后走上正路——成为唾沫横飞的高级二流子。

苏秦不安心于种地，跑到鬼谷子那儿学纵横术。学成，跑到秦国去当外交战略咨询师，连续给秦惠文王提交了十次项目意见书，都没被采纳。他置办的行头——黑貂皮袄穿破了，盘缠花光了，连小旅店都住不起了，只好穿着草鞋，背着书袋，失魂落魄地回了老家洛阳。到了家，正在织布的老婆不理他，嫂子不给他做饭，连父母也完全无视他。

当晚，深受刺激的苏秦从几十个书箱里翻出一部谋略奇书《太公阴符》，开始"锥刺股"地苦读。

一年后，苏秦从头再来，游说赵肃侯成功，被授以相印，获赠兵车百辆、锦绣千匹、白璧百双、黄金万镒，率车队到各国发展统一战线。

苏秦去游说楚威王，路过洛阳。父母听说后，赶紧打扫房间，清扫道路，雇用乐队，备办酒席，到城外三十里迎接他；老婆低着头，不敢正眼看他，侧耳听他说话；嫂子跪在地上，一再向他叩头请罪。苏秦感慨："此一人之身，富贵则亲戚畏惧之，贫贱则轻易之，况众人乎！"

其实，苏秦虽然在最得意时兼佩六国相印，却不把哪个国家当回事。他看重的只是自己的利益。

周王室领地内的东周、西周两个小国一直不对付。东周人想种水稻，处于水源上游的西周不放水，东周人气得要动武。苏秦跑去对东周君说，愿到西周说服对方放水。他拜见西周君："现在东周的百姓都在地里种上了小麦，君上您不如马上放水，把他们的麦苗全淹了，他们只能改种水稻。等水稻一种上，再停止放水，让他们的水稻全枯死。这样，东周人就会乖乖听命于君上您了。"西周君一拍大腿："高，实在是高！"马上下令放水。苏秦得了两国的赏金，一拍屁股走人了。

苏秦搞"合纵"，玩弄诸侯于股掌之间。不过，牌局太大，有时必须出些偏招险招。

齐宣王派军队进攻燕国，夺取了燕国十座城邑。苏秦受燕国之托去游说齐宣王。他见了宣王，拜了两拜表示祝贺后，就仰起头来念事先拟好的悼词。宣王惊得后退几步，愤然按戈："寡人还没死呢，你念悼词是什么意思?!"

苏秦从容回答："燕国虽然比较弱小，但也是强秦的翁婿之邦（燕易王是秦惠文王的女婿）。大王贪图十城，却和强秦结下了梁子。现在如果燕军打前锋，秦军作后盾，天下精兵都来攻齐，齐国不是死得很快吗？我表示一下哀悼之情，有错吗？"

苏秦一出哀悼秀后，宣王归还了燕国十城，并赠黄金千斤赔礼。

苏秦走运，要是遇到个脾气暴的，举戈就削，就该别人给他念悼词了。

很多人看不惯苏秦。有人在燕昭王面前说，苏秦是个不忠不义的小人。苏秦就跑去给昭王讲了个段子："一个人在远处做官，他的妻子和人私通。丈夫回来，妻子让侍妾端着毒酒给他喝。侍妾左右为难，情急之下，假装不小心摔倒，毒酒全洒在地上。男人大发雷霆，打了她五十竹板。"

"如今我的遭遇，跟侍妾的遭遇一样啊！"苏秦最后说出了重点。

奸情与谋杀永远是听众的智力克星。昭王被这个瞎编的段子打动了，越发厚待苏秦。

后来，苏秦在齐国为客卿时，被争宠的大夫派人刺杀，受了重伤。齐湣王派人抓凶手，抓不到。苏秦自知将不久于人世，最后赌了一把：他对湣王说，等他死后，公开宣布他是燕国间谍，将他车裂于市，并悬赏行刺之人。这样，凶手一定会现身。

湣王照办。凶手果然露面邀功，被抓，处死。（《史记·苏秦列传》）

把自己的遗体放在赌桌上，这样的人，不是高级二流子是什么?!

高级二流子术，后来发展为"厚黑学"，人们趋之若鹜。

史书上，二流子的唾沫，淹没了君子之言。

吃饭要吃鱼，做事要造势

齐国人冯谖，穷得快饿死了，跑到孟尝君那儿，要在他门下当食客。

孟尝君派人问冯谖："先生有什么爱好吗?"

冯谖大大方方地回答："没有。"

"先生有什么才能吗?"

"没有。"

这不摆明来混饭的吗!

孟尝君笑了笑："留下吧。"反正门下食客三千，多一个不多。

刚吃几天饱饭，冯谖就背靠柱子，弹剑而歌："长铗（剑）归来乎! 食无鱼。"

有人把这事报告给孟尝君。孟尝君吩咐下人，给冯谖鱼吃。

过几天，冯谖又弹剑而歌："长铗归来乎！出无车。"

周围人都笑：这人真是臭讲究。

孟尝君知道后，吩咐给冯谖配车。

不久，冯谖再弹剑而歌："长铗归来乎！无以为家。"

周围人都烦他，说他贪心。

有谁知道，他这是在为自己造势呢。

孟尝君又派人问冯谖有没有亲属。冯谖说，老母亲还在。

孟尝君派人把吃的用的送给冯谖的老母亲，并将这一送温暖活动坚持下去。

冯谖再也不搞造势的行为艺术了，安心混吃混喝。

后来，因为养了太多闲人，孟尝君手头有点紧，出了一则告示："谁会管理账务，能帮我去封地薛邑收债？"

冯煖在告示上签了自己的名字。

孟尝君看到这名字，觉得陌生："这人是谁呀？"

侍从告诉他："就是那个唱'长铗归来乎'要待遇的人啊。"

孟尝君笑了："这人来了这么久，我还没见过呢，真是有点对不起他。"他把冯谖请来，表示歉意。提及薛邑收债之事，冯谖说，愿意效劳。

孟尝君让人为冯谖备好车马行装，让他带着债契出发。辞别时，冯谖问："收完债后，买些什么回来？"孟尝君回答："先生看着办，买些我家缺少的东西吧。"

到了薛邑，冯谖叫差役召集欠债的百姓前来核对债契。全部核对之后，冯谖起身，假传孟尝君的命令，宣布免掉百姓所欠债务，并当众把债契全部烧掉。百姓高呼万岁。

慷他人之慨大搞慈善，这冯谖，烧别人的钱，真是不心疼。

冯谖驱车回到齐都临淄，一大早就去见孟尝君。孟尝君见他这么快就回来了，有些惊讶："债都收完了吗？"

"都收完了。"

"那先生给我买了什么回来？"

"我走的时候，您要我买您家里缺少的东西。我私下揣摩，您家中珍宝堆积如山，名马大狗满圈，美人遍布庭院，您所缺的，不过是义啊。我就擅自做主，为您把义买回来了。"

"先生是怎么为我买义的呢？"

"现在您仅仅拥有一个小小的薛邑，却不懂爱惜那里的百姓，反而像商人一样在他们身上取利。我已经假传您的命令，把百姓欠您的债务全都免了，还把债契全烧了，百姓都很感激您。这就是我给您买回的义。"

孟尝君心疼得不行，又不好发作，只能以冤大头的口吻说："先生下去休息吧。"

一年后，有人在齐湣王面前诋毁孟尝君，湣王听信了。孟尝君罢相，食客三千，作鸟兽散。冯谖没走。

孟尝君凄凉地去了封地。距离薛邑还有百里，百姓已经扶老携幼，在路边迎接他了。孟尝君感动得要哭，回头对冯谖说："先生为我买的义，我今天看到了。"

其实，冯谖为孟尝君买的是势，冠以"义"，好听点而已。

冯谖开始为孟尝君造势。

向孟尝君进言时，在贡献了"狡兔三窟"这个成语之后，冯谖说："有三窟，仅仅能够免死而已。现在您只有一窟，还不能高枕无忧。请让我为您再凿两窟。"

孟尝君给了冯谖五十辆车、五百斤黄金，让他去运作。

冯谖去了魏国，对魏昭王说，齐王昏了头，把孟尝君放逐到国外，诸侯中谁能先抢到这块宝，定能国富兵强。久慕孟尝君之名的魏昭王派使者带一百辆车、千斤黄金，去齐国聘孟尝君为相。

冯谖抢在使者前面驱车回齐，对孟尝君说，魏王将派人来拜见您，重礼相聘，齐王应该会听说这事吧。

话说一半，点到为止。孟尝君心领神会。

魏昭王的使者来了，孟尝君谢绝。如是往返多次，魏王那一百辆车和千斤黄金没送出去。

这势，冯谖帮孟尝君造足了。

齐湣王坐不住了，派太傅去见孟尝君，送上千斤黄金、两辆彩车、一把佩剑和一封道歉信："希望您看在先王的分上，还是来帮寡人治理国家吧。"

经冯谖点拨，孟尝君向齐湣王提出两个巩固地位的条件：获赐祭祀先王的礼器；在薛邑建立宗庙。湣王同意了，孟尝君复相。

宗庙建成，冯谖向孟尝君报告："三窟已就，您可以安心了。"（《战国策·齐四》）

孟尝君心里还有个疙瘩没解开："我乐于养士，待门客从不敢失礼。可是，门客们一看到我被罢官，都离我而去，没有一个顾念我的。如今先生助我官复原职，那些走掉的门客没脸再来见我了。如果有人敢再来，我一定唾他一脸，好好羞辱他一番。"

听了这话，冯谖郑重地向孟尝君行拜礼。诧异之下，孟尝君还了礼："先生是替那些门客道歉吗？"

"不是，我行礼，是因为您失言了。'物有必至，事有固然'，您明白这句话的意思吗？"

"不明白。"

"生者必有死，这就是'物有必至'；富贵多士，贫贱寡友，这就是'事有固然'。难道您没见过市集的景象吗？天刚亮，人们就向市集里挤，侧着肩膀争夺入口；日落之后，经过市集的人甩着手臂，头也不回，因为他们想得到的东西，市集里已经没有了。当您失去官位，门客都走了，这不很正常吗？您不能因此怨恨他们，使得他们不敢再来投奔您。他们回来，您应像过去那样对待他们。"

孟尝君再拜："先生指教得对。"（《史记·孟尝君列传》）

谋大事者，顺势而为。所谓势，循律、聚人而已。

这道理孟尝君听懂了，可惜后世的某些人就是不懂。

09
——
奇女子

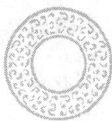

晋文公生命中的三个女人

"等我二十五年，不回来，你再改嫁。"

"我已经二十五岁了，过二十五年再改嫁，那时我就要进棺材了。我等您。"

《左传·僖公二十三年》里这一段夫妻对话，发生在重耳离开流亡地翟国之时。季隗当然不知道，面前的这个男人日后会成为晋文公。说"我等您"时，她语气坚定，面带笑容。

当初，作为落难的晋国公子，重耳带着一帮随从跑到母亲的故乡翟国。翟国的狄人攻打一支赤狄部族廧咎如，俘虏了部族首领的两个女儿叔隗、季隗，送给重耳。

重耳把叔隗嫁给随从中的赵衰，自己娶了季隗。那一年，重耳四十三岁，季隗十三岁。

十二年的耳鬓厮磨，季隗为重耳生了两个儿子。

重耳的弟弟夷吾当上国君，怕国人依附重耳，派人到翟国刺杀他。

重耳不得不走。只是，流亡路漫漫，妻小如何带得？

重耳作了最坏的打算——流亡整整二十五年。他不知道，季隗能不能等那么久。

这个女人，用一句玩笑，加上一个承诺，送他安心上路。

是为深情。

后来，重耳一行到了齐国，齐桓公礼遇重耳，把宗族之女姜氏许配给他，并赠八十匹马。香车美女在侧，重耳每天吃吃玩玩，乐不思晋。

随从们忧心忡忡——他们跟着重耳亡命天涯，是为了有朝一日杀回晋国，拥戴他当国君，但重耳的意志已消磨得差不多了，这样下去怎么行？

随从们想让重耳离开齐国，聚在一棵桑树下商量对策。

养蚕的婢女正好在树上听到，把这事告诉了姜氏。

姜氏杀了她。

随后，姜氏对重耳说："我知道您有远大的志向。偷听到您出走计谋的人，我已经杀了。"

重耳大惊失色：“没有这回事。”

姜氏咬牙：“走吧！留恋妻子，贪图安逸，实在有损您的前途。”

重耳不肯走。

姜氏和重耳的舅舅狐偃商量后，联手灌醉了重耳，硬生生把他运出齐境。

重耳酒醒，发现自己在齐国之外的一个陌生地方，姜氏已不见踪影，气得拿起长戈要跟狐偃拼命。

那边厢，也许姜氏正眺望着重耳远去的方向，暗自流泪。

是为大义。

后来，重耳一行到了秦国。秦穆公送给重耳五个女子，其中有个怀嬴。她是穆公的女儿，重耳的前侄媳——公元前 643 年，秦晋两国开战，晋国战败，晋惠公（即夷吾）不得已，将儿子圉送到秦国为人质。秦穆公将怀嬴（“嬴”为姓，“怀”从子圉后来的谥号）嫁给子圉。五年后，子圉逃归晋国前，要怀嬴同行，被她拒绝：“你是晋国太子，想回去，天经地义；我嫁给你是奉命留住你，如果随你回晋，就背弃了君主之命，所以我不跟你走。不过，我会为你保密到底。”

这是个有秦人爽直之风的女子。

只是，对重耳来说，这层不伦关系实在有些尴尬。他不想接受怀嬴。随从中的胥臣对他说："子圉的国家我们都要去攻打了，何况他的妻子呢？您接受此女为的是与秦国联姻，以便返回晋国，不要拘泥于小节，而忘了大耻！"

重耳娶了怀嬴，虽然有些不情不愿。

怀嬴便成了文嬴（"文"从重耳后来的谥号）。

面对文嬴，重耳心里总有点别扭。一次，文嬴端着水盆伺候他洗手，他洗了，文嬴递来擦手的毛巾，他不接，只甩甩手，把手上的水甩干。文嬴马上抗议："秦晋两国地位平等，您为何轻视我？"一个女人，说出这样的话，难得。

是为明理。

重耳面露羞怯之色，脱去上衣，以示谢罪。这事就这么过去了。

流亡十九年后，六十二岁的重耳归国，成为晋文公。

在《东周列国志》第三十七回中，狄人把季隗母子送回晋国。夫妻重逢，相视一笑。文公问起季隗的年龄，季隗回答："分别八年，现在已经三十三岁了。"文公玩笑道："幸亏还不到二十五年。"

齐孝公派使者送回姜氏。文公把季隗、姜氏的情义对随己回晋的文嬴说了，文嬴一定要将夫人的位子让出。姜氏辞谢："季隗在先，是理所当然的夫人。"季隗推让："姜氏妹妹其德高矣，其功大矣，当为夫人。"

文公排定了后宫位次：姜氏为第一夫人，季隗居次，文嬴第三。

三位夫人礼让恭谦，和睦共处。无后宫之忧的文公实现霸业。

三个女人成就了晋文公。她们赐予文公三件无价之宝：深情，大义，明理。

这让人联想到波兰导演基耶斯洛夫斯基的《蓝》《白》《红》三部曲，它们分别对应的人生主题：自由，平等，博爱。

博爱有深情，自由为大义，明理求平等。

这些穿越时空的人性之光，成就了我们。

没有成为"烈女"的息夫人

陈庄公之女息妫是个绝色美女。公元前 684 年，她嫁给息国国君，出嫁时路过蔡国。她的姐姐蔡妫是蔡哀侯夫人。

蔡哀侯说，小姨子来了，得见见啊。留下息妫见面。一见，精虫上脑，对息妫无礼。

息侯听到此事，大怒，想出兵揍蔡哀侯，但因息国弱小，不敢轻举妄动，便想出个借刀杀人的招，派人对楚文王说："请您假装进攻我国，我向蔡侯求援，他一定会派军队来，楚国再趁机攻打蔡国，可以建功。"

这等好事，楚文王岂能错过。依计而行，楚军大败蔡军，蔡哀侯被俘。

为报复息侯，被扣留于楚的蔡哀侯对楚文王说："那息妩面若桃花，人称桃花夫人。"文王被撩得心动，以巡游之名去了息国，受到息侯款待。文王见到息夫人，惊为天人，心一横，灭掉息国，让息侯去守城门，掳走了心中的女神。

息夫人入楚三年，为文王生下两个儿子，即后来的楚堵敖和楚成王。

王宫里，息夫人从未主动说过话。文王问她为何保持沉默，她才终于开口："我都一女事二夫了，强撑着没寻死，哪还有脸说话？"（《左传·庄公十四年》）

> 细腰宫里露桃新，脉脉无言几度春。
> 至竟息亡缘底事？可怜金谷坠楼人。

这是唐代诗人杜牧的诗作《题桃花夫人庙》。"金谷坠楼人"，说的是绿珠，她是西晋文人石崇的爱妾。石崇住在洛阳附近的金谷园中，生活奢侈，歌妓很多。当时赵王伦专权，赵王伦的亲信孙秀派人找石崇要绿珠，石崇说："绿珠是我所爱，不能送人。"孙秀发怒，矫诏逮捕石崇。石崇被捕时对绿珠说："现在我为了你而惹祸。"绿珠泣诉："我就死在你面前来报答你。"自投于楼下而死。

相比绿珠的刚烈，"脉脉无言几度春"的息夫人似乎有些软弱。诗人无一字褒贬，只是深情一叹："可怜金谷坠楼人。"女人在权势面前的无助与挣扎，尽在其中。

其实，息夫人的沉默，何尝不是一种抗争。

当她开口，必是维护尊严。

楚文王死后，楚堵敖即位，三年后，被其弟楚成王杀掉，取而代之。

楚成王即位时年纪尚轻，大权落入楚文王的弟弟令尹子元之手。

子元垂涎嫂子美色已久，为了勾引寡居的息夫人，在她居住的宫室旁建了一座房舍，在里面卖力地边摇铃铎边跳一种武舞，夸示自己是猛男。

息夫人哭诉："先君让人跳这个舞蹈，是用来演习备战的。现在令尹不向着敌国跳，却跑到未亡人身旁跳，这是干什么呢？"

子元有些惭愧："妇人都记得国有仇敌，我反倒忘了。"（《左传·庄公二十八年》）

他率兵车六百乘伐郑，没讨到便宜。溜回来，公然住进王宫，企图继续挑逗息夫人，结果被人杀掉。

息夫人隐居深宫，直至老死。

清代诗人邓汉仪步杜牧《题桃花夫人庙》原韵，写下一首《题息夫人庙》：

> 楚官慵扫眉黛新，只自无言对暮春。
>
> 千古艰难惟一死，伤心岂独息夫人。

向死而生。息夫人的选择，比"烈女"绿珠的选择更难。

而"烈女"这个词，本身就隐含着一种对女性的轻视。社会有病，才有"烈女"。

1998年6月，在广东的安徽打工妹洪招娣被不法分子强迫卖淫，决不就范，从三楼跳下，腰椎间盘爆裂性骨折。众多媒体都将洪招娣作为"烈女"颂扬，她却说："悲剧本不应该发生，我们的社会不需要这样的'烈女'！"

我们的社会，多少息夫人一般受尽磨难的女人，像大地上的小草一样活着，沉默，却不失尊严。

太后的批评与自我批评

鲁襄公九年（前564），襄公的祖母穆姜死在被幽禁的东宫里。

当初，穆姜退居东宫，占筮，筮卦得《艮》，爻变得之卦为《随》。太史对她说："《随》是出行的意思，您一定能很快出去。"

对此时的穆姜来说，没有比这更好听的话了。

这是一个曾经风光无限的女人。《列女传》载："穆姜者，齐侯之女，鲁宣公之夫人，成公母也。"

当时，鲁国国君的夫人大都来自姜姓的齐国宗室，这些女子的名字中都有个"姜"字，比如哀姜、武姜、文姜等。不比封给周公旦的鲁国的礼乐之风，齐国自姜子牙封国之初就简化礼节，发展工商业，民风较剽悍，女子个性多自由奔放。穆姜亦如此。

《左传·成公十一年》记载了穆姜的一句狠话："吾不以妾为姒。"兄弟之妻互称为"姒"，穆姜是针对鲁宣公同母弟叔肸的妾——声伯的母亲说的。声伯之母并非叔肸的正妻，两人没有经过婚聘之礼就同居了。穆姜看不顺眼，心直口快地来了句"我不和姘妇做妯娌"，很难听，不厚道。

穆姜再次出现在《左传》里，是成公十六年，也很不光彩："宣伯通于穆姜。"

鲁国的朝政长期由孟孙氏、叔孙氏、季孙氏"三桓"把持。宣伯（叔孙侨如）为叔孙氏的宗主，想驱除孟孙氏、季孙氏，一家独大。他和寡居的穆姜私通之后，要穆姜帮他成事。

成公将要出行，穆姜送他，让他驱逐孟孙氏和季孙氏。成公说："请等我回来再听取您的命令。"穆姜很生气。当其时，成公的兄弟公子偃、公子鉏经过，穆姜指着他们对成公说："你要不同意，他们都可以是国君！"对亲生儿子说出这样的话，很霸道。

成公为防止穆姜作乱，不得不派人加强戒备，防护宫室。

穆姜和宣伯的乱行被挫败。宣伯逃亡到齐国，又和齐灵公的生母声孟子私通，并被列位于齐国高氏和国氏两大贵族之间。这位中老年妇女之友自己都有些不好意思了："不可以再罪。"跑到卫国，"亦间于卿"。

情人跑了，留下穆姜，独自背骂名，吞苦果。

成公的夫人、穆姜的儿媳齐姜去世，穆姜当初选择上好木材为自己准备的棺材和颂琴，被执政的季文子报复性夺走，用于安葬齐姜。此时的穆姜，只能咬碎钢牙肚里咽。

及至退居东宫时的占筮，太史一番好听的话，反倒让这个失意的女人爆发出最后的能量。

　　姜曰："亡。是于《周易》曰：'《随》，元亨利贞，无咎。'元，体之长也；亨，嘉之会也；利，义之和也；贞，事之干也。体仁足以长人，嘉德足以合礼，利物足以和义，贞固足以干事，然，故不可诬也，是以虽《随》无咎。今我妇人而与于乱。固在下位而有不仁，不可谓元。不靖国家，不可谓亨。作而害身，不可谓利。弃位而姣，不可谓贞。有四德者，《随》而无咎。我皆无之，岂《随》也哉？我则取恶，能无咎乎？必死于此，弗得出矣。"（《左传·襄公九年》）

这一番"我有罪,我不入地狱谁入地狱"的表白,何等担当!知耻自省,敢作敢为,真奇女子也。

同为太后,慈禧搞政治比穆姜老练得多,权力也大得多,而担当精神却似乎少了很多。她鲜见的一次公开自责,有些不痛不痒。

1900年,"庚子拳乱",八国联军杀进北京。逃亡途中,慈禧迫于内外压力,以光绪帝的名义发出"罪己诏"。诏书中,只字不提自己当初纵容义和团的责任,只说些"臣民有罪,罪在朕躬"的空话,以及"天下断无杀人放火之义民,国家岂有倚匪败盟之政体"的公论。算得上反省的,寥寥数句:"近二十年来,每有一次衅端,必申一番诰诫。卧薪尝胆,徒托空言;理财自强,几成习套。事过以后,徇情面如故,用私人如故,敷衍公事如故,欺饰朝廷如故。大小臣工清夜自思,即无拳匪之变,我中国能自强耶?"反省中,更多的是对臣下的批评。

慈禧如愿保全了自己,代价是割地,赔银。

1906年9月1日,清廷颁布《宣示预备立宪谕》。同时,慈禧宣布"五不议":第一,军机处事不议;第二,内务府事不议;第三,八旗事不议;第四,翰林院事不议;第五,太监事不议。

相比穆姜，这是一个批评不得的更"高级"的太后。

1908 年 11 月 15 日，慈禧临终前，撂下一段狠话："此后，女人不可预闻国政。此与本朝家法相违，必须严加限制。尤须严防，不得令太监擅权。明末之事，可为殷鉴!"

这可看作慈禧自我批评的另一种表达。可惜，来得太晚了。

孟母，不是一个人在战斗

　　孟母三迁，终于迁至理想的学区房。

　　孟母是个胎教专家——她还怀着孟子时，席子摆得不正，不坐，肉割得不正，不吃，给未来的"亚圣"灌输正气。

　　孟子小时候，邻居家杀猪，猪嗷嗷叫，小孟问母亲："邻居为什么杀猪？"孟母诓他："要给你吃肉呀。"话一出口，孟母就后悔了，对人说："现在孩子刚刚懂事，我就骗他，这是在教他不讲信用呀。"她于是买了邻居的猪肉给孟子吃。

　　孟子成家了，孟母的正气教育不停。《列女传》载，孟子回家，走进卧室，他妻子正"箕踞而坐"，没看见他，也就没起身迎接，孟子很受伤，气呼呼地对母亲说："这个女人无礼，丈夫进屋都不起身迎接，恳请母亲让我休了她。"

孟母教育他："自古以来的礼节都是进入家门之前，先问谁在家里，以示尊敬；将要上厅堂时，提高声音打招呼，以便让人家有所准备；将要进入房门时，眼睛往下看，不东张西望，以免看到不该看的事；更不能在人家没准备的时候，不打招呼就突然闯进屋里。你悄悄进屋，让你妻子不知道你回来了，没来得及起身迎接，是她无礼，还是你无礼？"孟子脸红了，不再提休妻的事，开始养"浩然之气"。

相比孟母，鲁国大夫公父文伯的母亲敬姜对于正气的理解更为独特。公父文伯死了，白发人送黑发人的敬姜没掉一滴泪。有人问起，她说："我的这个儿子，我让他侍奉孔子，结果孔子被迫离开鲁国时，他不送到郊外，也不赠送珍贵之物。他病了，不见士人来探望；死了，不见士人为他流泪，反倒是十来个宫女为他服丧。这么看来，他是对士人情薄，对女人情重。我为什么要哭他？"（《韩诗外传·卷一》）

没出息的男子，不仅要被母亲教育，还要受妻子的刺激。

战国名将乐毅先祖乐羊子在路上捡到一块金子，拿回家交给妻子，没想到被妻子劈头盖脸一顿骂："贪小便宜，没出息！"乐羊子愤而把金子扔到路上，出门求学。

一年后，乐羊子回到家中，妻子问他怎么回来了，乐羊子说："没事，在外久了，想你啦。"妻子扑上去，不是亲他，而是一刀把织机上的布割断："学习开小差，半途而废，就像断布一样，没出息！"乐羊子一顿脚，水都不喝一口，愤而出门，继续学业，七年没回家。

一天，邻居的鸡误入乐羊子家，乐羊子母亲把它杀了。吃饭时，乐羊子妻对着盘里的那只鸡流泪。婆婆问起，她说："我是为家里太穷而难过，饭桌上竟然有别人家的鸡。"婆婆脸通红，把鸡扔了。

后来，有盗贼闯入，想侵犯乐羊子妻，就先劫持了乐羊子母亲。乐羊子妻拿着菜刀要和他拼命，盗贼说："你放下刀依从我，保你们不死；如果不从，我就杀了你婆婆。"乐羊子妻叹口气，举刀往脖子上一抹，死了。（《后汉书·乐羊子妻》）

这位正气女教育家，真正做到了知行合一。

孟母不是一个人在战斗。正气女教育家们，因其知性和母性，成为史书上的一抹亮色。先秦以降，孟母传统不绝如缕，升华为民族心理层面的一种精神范式。

可惜，传统终成遗存，供人凭吊。

10

—

怪力乱神

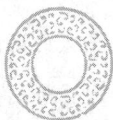

梦里的蝴蝶、兰花和琼瑰

当子夜的钟把慷慨的时间

恣意挥霍，

我将比尤利西斯的水手去得更远，

进入梦的领域——人的记忆

所不及之处。

我只从那水下带回一些残余，

但已非我的知解力所能穷尽：

朴素的植物学的草，

各色各样的动物，

与死者的对话，

远古语言的词，

有时还有一些恐怖，

真正是假面的面孔，

白昼给予的一切都无法与之比拟。

我是人人，我是无人。我是别人，

我是他而不自觉，他曾见过

另一个梦——我的醒。他评判着，

他置身局外而且微笑。

（博尔赫斯：《梦》）

博尔赫斯喜欢庄子，他说梦是最古老的美学活动。在一场穿越两千多年的梦境里，两个气息相通的人合而为一，或者，互换角色。

昔者庄周梦为胡蝶，栩栩然胡蝶也，自喻适志与，不知周也。俄然觉，则蘧蘧然周也。不知周之梦为胡蝶与，胡蝶之梦为周与？周与胡蝶，则必有分矣。此之谓物化。（《庄子·齐物论》）

梦是平等、自由的王国，交融所有灵魂，连接过去、现在与未来。

梦也是历史的遗精。

> 初，郑文公有贱妾曰燕姞，梦天使与己兰，曰："余为伯鯈。余，而祖也，以是为而子。以兰有国香，人服媚之如是。"既而文公见之，与之兰而御之。辞曰："妾不才，幸而有子，将不信，敢征兰乎。"公曰："诺。"生穆公，名之曰兰。（《左传·宣公三年》）

梦里，天使给燕姞一支兰花。郑文公见到她，也给她一支兰花，让她侍寝。兰花为信物。燕姞生了一个男孩，名为兰。

后面的故事就没那么唯美了：郑文公生了很多公子，为立储之事闹心，一生气，赶走了公子们。公子兰逃亡到晋国，跟随晋文公反过来攻打郑国。郑国大夫石癸、孔将鉏、侯宣多立公子兰为国君，是为郑穆公。

郑穆公在位22年后，生了病。这位"灵魂有香气"的国君低叹："兰花死了，我也许也要死了吧！我是为它而生的。"他命人割掉兰花，随即死去。

生于兰花，死于兰花，像一首诗。只是，谁能说清，当初那个兰花梦，不是"贱妾"燕姞为了上位而处心积虑编排出来的？后世那位"兰贵人"凭自己的美貌和手腕一步步成为慈禧太后，是历史的巧合还是寓言？

也许，历史本就是一场兜兜转转走不出的梦。

现实即为盗梦空间。且看春秋时代另一个著名的梦：

> 初，声伯梦涉洹，或与己琼瑰，食之，泣而为琼瑰，盈其怀。从而歌之曰："济洹之水，赠我以琼瑰。归乎！归乎！琼瑰盈吾怀乎！"惧不敢占也。还自郑，壬申，至于狸脤而占之，曰："余恐死，故不敢占也。今众繁而从余三年矣，无伤也。"言之，之莫而卒。（《左传·成公十七年》）

声伯是鲁文公之孙，鲁成公时为卿。出使期间，他梦见自己步行渡过洹水，有人给自己琼瑰（珠玉），将它吃了，哭出来的眼泪都成了琼瑰，装满怀抱，还跟着那人唱"赠我以琼瑰"的歌。

这是一个不祥的梦——人死后口含珠玉，是当时的礼仪。声伯醒来后，很害怕，甚至不敢占卜。

声伯带着随从自郑国返鲁，到达一个名为狸脤的地方。

大家围坐在一起。完成出使任务的轻松氛围让声伯松弛下来，他当众占卜了那个梦，对大家说："我怕死，所以不敢占卜。现在大家跟随我已经三年，没有妨碍了。"

当天晚上，声伯死了。

这是文学化的死亡，也是死亡的文学化。这是两千多年前的人们用梦来表达的生死观——时辰已至，归乎！归乎！

莎士比亚说，我们是用与我们的梦相同的材料做成的。梦里的蝴蝶、兰花和琼瑰，梦里的"朴素的植物学的草，各色各样的动物，与死者的对话，远古语言的词"，其实都是我们自己。

我们在梦之中，梦也在我们之中。

来自梦中的人

黑泽明八十岁那年，拍出了一部生命哲学式的电影——《梦》。全片共有八个梦境，几乎贯穿了人类生活的所有主题，包括战争与和平、社会与人生。人类的愚昧，尽在其中。

影片中的第四个梦，名称的象征意味很浓：隧道。这个梦里，战友们死于战争，作为军官的"我"是唯一的幸存者。战后回乡，途经一条隧道时，"我"遇到了那些不愿相信自己已经阵亡的战友。"我"不得不告诉他们事情的真相，这支亡灵队伍逐渐消逝在隧道的尽头。

作为隐喻，隧道穿越时空，直抵历史的幽微处。

公元前632年春，晋楚城濮之战前，晋文公在营帐里做了一个噩梦：与楚成王单挑，被对方压在身上，吸食自己的脑浆。文公醒来，一身冷汗。

群臣听文公说起梦境后，面面相觑。主战派狐偃不慌不忙做了个梦的解析：吉兆。我向着上天，楚王则是服罪的姿势，而且人脑是柔物，表明我柔服楚。（《左传·僖公二十八年》）

这种高级瞎扯，可能只有纪晓岚称呼乾隆"老头子"的解说可比。（"万寿无疆之为老，顶天立地之为头，父天母地之为子"）

文公转忧为喜，重新燃起战斗热情。

后来发生的事大家都知道了，城濮一战，奠定晋国百年霸业。

好大一个梦。

而另一些梦，很长，长达人的一生。

公元前538年冬，提出立德、立功、立言"三不朽"的鲁国亚卿叔孙豹，活活饿死在家里。他的家宰竖牛在他病倒后，不给他一点吃的。

凶手竖牛，多年前曾出现在叔孙豹的梦里，救了他。

当初，叔孙家内斗，叔孙豹被迫流亡，路过庚宗一地，遇到一个女人，吃了她弄的东西，还和她私通。叔孙豹把流亡缘由和盘托出，女人哭着送走了他。到了齐国，他娶妻生子。

一天晚上，叔孙豹做了一个怪梦，梦见天塌下来压在自己身上，要顶不住了，回头一看，见到一个人，黑皮肤，驼背，双目深陷，猪一样的尖嘴，急忙招呼他："牛，来帮我！"这人来帮他顶天，这才顶住了。

第二天早晨，叔孙豹召见手下人，一一细看。没有一个像梦中见到的人。他说："记住这个人！"

后来，叔孙豹回到鲁国，被立为卿。庚宗的那个女人来，献上野鸡。叔孙豹问起她儿子，女人回答说："我儿子长大了，能够捧着野鸡跟着我了。"把那孩子招来一看，正是当年叔孙豹梦里见到的人。叔孙豹没有问他的名字，就叫他"牛"，孩子答："唯。"（《左传·昭公四年》）

叔孙豹欢喜得很，就让这孩子做了小竖（僮仆）。竖牛受到宠信，成人以后做了家宰。

竖牛的野心愈养愈大，想吃掉整个叔孙家。他趁叔孙豹生病，将其隔绝、架空，甚至矫命将叔孙豹的儿子一个杀掉一个赶走。

最终，叔孙豹死在来自梦中的人手里。

次年，竖牛的脑袋被人割掉，扔在荆棘丛中。

在某种意义上，叔孙豹和竖牛都死于多年前的那个梦。

而一个国家，也死于一个梦。

曹废公（这谥号真不客气）三年（前499），曹国都城里有一人做梦，梦见许多君子站在社宫里商议灭掉曹国，曹叔振铎（周文王之子，曹国受封之君）制止了他们，让他们等待公孙彊，众君子答应了。做梦者醒来后找遍曹国，也没有找到公孙彊这个人，就告诫儿子："我死以后，只要你听说公孙彊执政，一定要离开曹国，免遭祸事。"（《左传·哀公七年》）

三年后，公孙彊终于出现了。此人是个农夫，擅长打猎射鸟，他把猎得的一只白雁献给曹废公。废公也喜欢打猎，两人越谈越投机。废公任命公孙彊为司城（即司空，本为掌水利、营建之官，宋、曹以之为执政）。

做梦者之子听说后，逃离了曹国。

公孙彊鼓动废公围猎诸侯称霸（这就像鼓动巴拿马去揍美英法），实现曹国的大国梦。废公居然听信了，背叛原来依傍的晋国，进犯宋国。宋景公反过来攻曹，晋国不救。废公十五年（前487），宋灭曹，废公和公孙彊这对猎人被猎杀。

来自梦中的人，忽忽来，忽忽去。

这世上，到处都是来自梦中的人。

来自梦中的人，是另一个"我"——隧道里的"我"。

"我"如幻影，另一个人梦中的幻影，走向隧道的尽头。

所谓神预言

鲁桓公最小的儿子季友将出生时，桓公让人占卜这孩子的命运。卜官说："这是一个男孩，其名为'友'，定将位于两社之间（即周社和亳社之间，是鲁国大臣处理政务的地方），成为公室重臣。季友死后，鲁国将衰。"孩子出生，果然是男孩，他手掌中的纹路形成一个"友"字，便被命名为"友"。后来，季友奉立了两任国君，鲁僖公时为正卿，执政 16 年之久，他的后代成为"三桓"之一的季孙氏。而"三桓"的争斗，让鲁国日渐衰微。

这位卜官要是活到现在，半仙们都会失业。

当然，也有人抢卜官的饭碗搞预言，比如单国国君单襄公，他曾经一口气预言了五个人的命运，全部说中。

公元前 574 年，晋、齐、鲁、宋、卫、单等国在柯陵结盟。单襄公去了，看到晋厉公走路时眼睛望远不望近，脚抬得高高的，心不在焉，又看到晋国权贵三郤（郤锜、郤犫、郤至）喜欢自吹自擂，齐国上卿国佐说话也是毫无顾忌。他对鲁成公说，晋国很快就要发生内乱，国君和三郤恐怕都要大难临头；国佐也将有灾祸，他处在淫乱的齐国，却喜欢直言，招人恨。

晋厉公回国不久就诛杀三郤。第二年，晋国大臣栾书和中行偃杀晋厉公，齐灵公杀国佐。

还有更神的。

楚共王五个儿子，皆庶出。优柔寡断的楚共王不知道选哪个儿子继承王位。后来，他想出一招，派祭师手擎玉璧，遍祭楚国名山大川，祈祷神灵帮忙选——他将这块玉璧藏于祖庙，召五个儿子按长幼之序进庙祭祖，自己在暗处偷看，谁能接触到玉璧，就让谁继位。

老大子招率先祭拜，膝盖跪上玉璧；老二子围祭拜时，胳膊肘压住了玉璧；老三子比和老四子皙祭拜时都没碰到玉璧；年幼的老五子弃疾，被人抱来，祭拜时身体压住了玉璧。最终，共王选择了老大子招，就是后来的楚康王。

后来，老二子围杀死侄儿登基，是为楚灵王；老三、老四叛乱，逼老二自尽，老五又逼两位兄长自尽，成功上位，是为楚平王。

当初接触到玉璧的三位王子，最后都登上了王位，而其他两位，没戏。

难道真是神的旨意？

战争的预兆，也是神乎其神。

公元前645年，秦穆公率军攻打晋国，出征前让卜徒父用筮草占卜。卜徒父报告："大吉大利。晋军将连败三次，晋国国君将被俘获。这一卦得到《蛊》，繇辞说：'千乘三去，三去之余，获其雄狐。'雄狐就是指他们的国君。《蛊》的内卦是风，外卦是山。时令到秋天了，我们的风刮过他们的山，刮落果实，刮倒树木，所以能战胜。"

果然，晋军连吃三个败仗，退到韩原。再战，晋惠公被活捉。

公元前525年，吴国攻打楚国。楚国这边，令尹阳匄占卜战争，结果不吉利。司马公子鲂不服气："我们地处长江上游，为什么不吉利？再说，按楚国的惯例，占卜战争，先由司马发表命辞。我请求重新占卜。"

重新占卜前，公子鲂发表命辞："鲂带领部属以必死的决心打头阵，我军跟上去，希望大获全胜。"

这一次，征兆为吉。

战斗在长江边打响，公子鲂率先带兵冲杀过去，其结局被他自己不幸而言中——战死。而胜利的一方，确实是楚国。

以上为什么这么神？请《走近科学》解释。

算了，为了正三观，还是让我替《走近科学》拟一段解说词吧：所谓神预言，为什么这么神？概率，概率，概率，重要的事情说三遍。按概率，预言千百次，难保不会说准几回。上书的，都是准的；不准的，多被史官抹了。偶尔记个不准的，也是用来反衬准的。比如，郑国的裨灶成功预言宋、卫、陈、郑在同一天发生火灾之后，要郑国执政卿子产用宝物祭神以消灾，吓唬说，不然还会着火，子产没听，结果没事。

其实，最神的，是天道好还的规律。

首席预言官

卜偃，即郭偃，晋国大夫兼首席太卜，也即首席预言官，通过卜筮测吉凶，说预言。

此人很牛。他的神准预言，《左传》和《国语》多次记载，每每令人叫绝。

公元前661年，晋献公率军灭掉耿、霍、魏三个小国，把魏地赐给了自己的车右毕万，并让他做大夫。

卜偃预测："毕万的后代必定昌大。万，是大数；魏（通巍），象征巍巍高大。初次赏赐就如此崇高，这是上天的启示。天子的子民，叫'兆民'；诸侯的子民，叫'万民'。毕万的子孙，将被万民拥戴。"

毕万死后，他的子孙以其封地为氏，称魏氏，建立了战国七雄之一的魏国。

公元前 658 年，晋国人和虞国人联手进攻虢国，夺取虢地下阳。随后，虢公在桑田打败了戎人。卜偃说："虢国必将灭亡。被夺走下阳却不知戒惧，反而又建立武功，这是上天夺去虢国用以自鉴的镜子，而加重它的作恶啊。虢国轻视晋国且不爱护百姓，过不了五年，必定被灭。"

三年后的八月，晋献公率军包围了虢国都城上阳。献公问卜偃："我能成功吗？"卜偃回答："能。"献公又问什么时候，卜偃说："童谣说：'丙之晨，龙尾伏辰，均服振振，取虢之旂。鹑之贲贲，天策焞焞，火中成军，虢公其奔。'这日子恐怕在九月底十月初吧！丙子日的清晨，日在尾星之上，月在天策星之上，鹑火星在日月的中间，一定是这个时候。"

十二月初一，丙子日，晋灭虢，虢公逃亡。卜偃又说中了，只是时间正好说早了两个月。

公元前 646 年八月初五，沙鹿山崩塌。卜偃说："一年内晋国将有大灾难，几乎要亡国。"

这年冬天，秦国发生饥荒，向晋国购粮。前一年，晋国饥荒，秦穆公帮了大忙。这次，晋惠公却不卖粮给曾经的恩人。次年，秦国缓过劲来，秦穆公伐晋。韩原之战，晋军大败，晋惠公被俘。

公元前 635 年，秦穆公把军队驻扎在黄河边上，准备送上因子带之乱逃居郑国的周襄王返回周都成周。晋国执政卿狐偃力劝晋文公出兵勤王，以在诸侯中建立声望。晋文公让卜偃占卜，结果大吉。按卜偃的说法，得到黄帝在阪泉之战中获胜的预兆。晋文公还是有点没底气："我当不起啊。"卜偃笑笑："周室的礼制没有改变，现在的王，就是古代的帝。"晋文公又让他占筮，结果仍为吉。"得到的这个卦是'公用享于天子'，战胜以后，天子将回到他原来的住所，并设宴招待您，还有比这更大的吉利吗？"卜偃说。

晋文公辞退秦军，率军护送周襄王回到成周，诛杀子带。晋文公朝觐，周襄王用甜酒招待他，让他向自己回敬酒，并赐给他阳樊、温、原、攒茅的土地。

公元前 628 年，晋文公去世，棺材被送往曲沃停放待葬。刚出国都绛城，棺材里发出了牛叫一般的声音，把送葬的人们吓坏了。文公这么快就投胎成牛啦？

还是卜偃沉得住气，他让大夫们向棺材下拜，说："国君是在发布军事命令：将有西边的军队越过边境而来，我们攻击他们，一定会大获全胜。"

后来的事态发展，又被卜偃说中了：秦国军队来攻打和晋国相邻的郑国，晋襄公把白色的丧服染成黑色，率军在崤山成功伏击了秦军。凯旋后，晋襄公就穿着黑衣服给晋文公送葬（晋人从此以黑衣为丧服）。这下，棺材里再没发出怪声。晋文公就是牛，死了还能发挥余热。卜偃也牛，从牛叫声里听出绝密军事情报和胜利的号角。

除了是殿堂级的预言大师，卜偃还是一个改革家。

晋文公时期，卜偃一手主导封建化的社会改革：在用人制度上，虽然没有全盘否定注重家族血缘关系的传统，但更加注重尚贤原则；在财产制度上，卜偃大胆提出"君食贡"的概念，要求国君不再保留任何土地，而是从土地拥有者那里收取税赋。这样的改革，提升了晋国的国力，帮助晋文公成就了霸业。

"论至德者不和于俗，成大功者不谋于众。"这是卜偃的大智慧。

卜偃的理性，超越了卜官的神秘思维，成为一个时代的观察家、思想家和行动家，从实际出发，直指问题要害。

看得准，是因为懂得多，想得深。

晋献公灭了骊戎，立骊姬为夫人。卜偃不客气地说："我看这位君夫人，如果挑起祸乱，那就如同农民一样，即使获得良田，辛勤耕作，自己也吃不到粮食，只是为别人出力而已。"

事情的发展正如卜偃所预料的。晋献公死，骊姬之乱起，骊姬的儿子奚齐成为晋君，但母子俩很快就被杀了。

随后即位的晋惠公夷吾不讲信用，不得人心。卜偃直言不讳："君有美德，播扬到民众之中，民众就会欣然拥戴。恶也是如此，恶君必然没有好下场。所以为君者的行为不能不慎重。也许，14 年以后，夷吾的继嗣就会断绝吧。"

夷吾果真只在位 14 年。他死后，其子晋怀公在国君位子上屁股还没坐热，就被晋文公重耳派人杀死。

晋怀公即位时，强迫老臣狐突召他那两个跟随重耳在外的儿子狐毛、狐偃归国。狐突不从，怀公杀之。卜偃称病不出，对旁人说："《周书》上有这样的话：'乃大明服。'君主伟大贤明，臣民才会顺服；如果不贤明，反而杀人以图快意，治国不是很难吗？百姓看不到德行，只听到杀戮，这样的君主哪会有什么后代？"

晋文公即位后，卜偃与他有过一段对话：

　　　　文公问于郭偃曰："始也，吾以治国为易，今也难。"对曰："君以为易，其难也将至矣。君以为难，

其易也将至焉。"(《国语·晋语四》)

这是真正伟大的预言。套用克罗齐"一切历史都是当代史"的句式，一切明智的语言都是预言。

陨石是怎样成为灾星的？

鲁僖公十六年（前644），宋国有怪事：五颗陨石坠落；六只鹢鸟倒退着飞过都城。

宋襄公深深地震惊了。他请教正在宋国访问的周王室内史叔兴："是何祥也？吉凶焉在？"

叔兴回答：今年鲁国将有大丧事，明年齐国将有动乱，而国君您，将得到诸侯拥护，却无法善终。

当时，鲁国执政季友病重；齐国公子群立，乱局已成；而宋襄公自不量力的称霸野心，被叔兴一眼看穿。

退下来后，叔兴私下对人说："君失问"，国君问了不该问的问题。天地阴阳之事，与人间吉凶无关。吉凶由人的行为所决定。我那么回答，只是由于不敢违逆他。（《左传·僖公十六年》）

叔兴的预测一一应验。宋襄公虽勉强上了《史记》的"春秋五霸"榜，很多人却认为他不配。与叔兴交谈的六年后，他在泓水之战中被楚人射伤大腿，次年伤重而亡。

　　正如李商隐写汉文帝的"不问苍生问鬼神"，叔兴一句"君失问"，道破了宋襄公悲剧的根源。

　　"君失问"，生生把灾异变成政绩。

　　秦献公十六年（前369）寒冬，秦国的桃树开了花。两年后的秋天，秦都栎阳，献公正在宫里和大臣交谈，外面电闪雷鸣，下人来报："下起了黄金雨！"他连忙起身到宫外，只见大雨倾盆，一片金黄（司马迁在《史记·秦本纪》中记以"雨金"），大喜，自以为得了祥瑞，便祭祀白帝（秋天属金，其味为辛，其色为白，司秋之神就叫白帝），向国人宣传桃树冬天开花和天降"黄金雨"预示着大国崛起，好一番折腾。其实，桃花冬天开放只不过是因为暖冬，天降"黄金雨"只不过是因为有沙尘暴，沙尘遇到大雨，雨黄如金而已。

　　"君失问"，生生把陨石变成灾星。

　　秦始皇嬴政的一生，灾异不断：十三岁登基；十六岁，秦国发生大饥荒；十七岁，大群蝗虫从东方飞来，遮天蔽日，瘟疫流行，政府没钱，只好卖爵位，老百姓只要交一千石粮食，就封爵一级；十八岁，冬天打雷；二十岁，出现彗星，先在东方，又向北方，再转西方；二十一岁，黄河泛滥，鱼群都上了岸，百姓逃亡；二十二岁，彗星再次出现，先在西方，又到北方，最后往南，光芒照亮整个天空，持续八十天之久，初夏时分天寒地冻，有人被冻死；二十四岁，大旱，从农历六月到八月一直不下雨；二十八岁，地震；三十岁，地震，大饥荒；三十二岁，大饥荒；三十四岁，天降大雪，积雪有两尺多厚；三十九岁，成为始皇帝，从这年起，异象消停了一段时间；四十六岁，彗星又至；四十九岁，一颗陨石坠地，老百姓在上面乱涂乱画，嬴政暴怒，把嫌疑人通通杀掉，又把陨石烧化。第二年，嬴政死了。

儒生们咬牙切齿地说，嬴政暴虐深重，遭了老天爷的报应。只是有一点没人解释：为什么老天爷不直接把暴君霹死？

"天地不仁，以万物为刍狗。"老子写下这句话时，应该是在拈须微笑：人啊，愚蠢的生物，别替天地多情了。

最多情，或者说最没安全感的是国君们。

汉宣帝在诏书中承认："盖灾异者，天地之戒也。"（《汉书·宣帝纪》）害怕"天谴"，便玩起了"罪己诏"的把戏。好问鬼神的汉文帝遇"水旱疾疫之灾"，下"罪己诏"，称自己"愚而不明，未达其咎"。话说得很漂亮："意者朕之政有所失而行有所过与？乃天道有不顺，地利或不得，人事多失和，鬼神废不享与？何以致此？将百官奉养或费，无用之事或多与？何其民食之寡乏也！"

面对大旱，魏孝文帝以绝食"罪己"。绝食三日后，群臣请求他进食，报告说四周普降甘霖，独京城少雨。孝文帝说："方将遣使视之，果如所言，即当进膳；如其不然，朕何以生为！当以身为万民塞咎耳！"（《资治通鉴·齐纪六》）至此，一出政治秀达到高潮。

最爱"罪己"的是清世祖顺治皇帝。这位少年天子亲政后，灾异频繁，"水旱累见，地震屡闻"，"冬雷春雪，陨石雨土"。他把这一切归罪于自己"不德"，屡下"罪己诏"，言辞不可谓不恳切，自省不可谓不深刻。

国君们一定都听过《论衡》中的一则故事：星相学上主刀兵灾祸的凶星荧惑星（即火星）出现在心宿的位置，宋景公害怕了，召太史子韦来，要他解释一下。子韦说："荧惑星的出现，预示着上天的惩罚，心宿是宋国的分野，国君将有灾祸。不过，可以把它转嫁给宰相。"景公摇头道："宰相是我任命治理国家的人，让他替我死，不吉祥。"

子韦又说:"可以转嫁给老百姓。"景公还是摇头:"老百姓死光了,我去做谁的国君呢?还是让我一个人死吧。"子韦再提建议:"可以转嫁到收成上去。"景公回答:"收成不好,老百姓就要饿死。做国君的要靠牺牲他的百姓来求活,丢人哪。我命休矣,你不要再说了。"子韦向景公叩拜:"恭贺国君您。上天虽在高处,但它能听见地上的话,您说了三句至德之言,上天必定会奖赏您三次。今天晚上,荧惑星要后退三座星宿的位置,每退一座星宿要经过七颗星,每经过一颗星,您可以多活一年,三七二十一,您的寿命会延长二十一年。臣请求伏在宫殿的台阶下观察,如果荧惑星不移动,愿领死罪。"当晚,荧惑星果然后退三座星宿。其后,景公果然延寿二十一年。

被宋景公励志的国君们遇灾异下"罪己诏",幻想着"天若有情天亦老""向天再借五百年",幻想着天上掉下的陨石成为福星。

可惜,陨石掉下来砸出一个大坑后,便如被弑国君人头落地一般迅速在史书上消隐了。

在史书上消隐的,还有"罪己诏"。

叫谁的魂？

公元前712年，郑、鲁、齐三国联合进攻许国前，郑庄公在祖庙内分发武器。两位大夫——子都和颍考叔争夺一辆漂亮的战车，颍考叔挟起车辕就跑，子都举戟追去。追到大路上，没有追上，子都很愤怒。

子都是郑武公之弟公子吕的儿子，春秋第一美男，《诗经·郑风》里那句"山有扶苏，隰有荷华。不见子都，乃见狂且"，使他成为各国女子的梦中情人。连孟子都说："至于子都，天下莫不知其姣也。不知子都之姣者，无目者也。"

可惜，这位高富帅心眼有点小。

攻许战役，颍考叔高擎郑庄公的旗帜，率先登上许城的城墙，下面的子都，举弓搭箭，对准他的后背就是一箭。

颍考叔被射中，摔下来，死了。

郑国大夫瑕叔盈拾起庄公之旗，冲上城，向四周挥动，大喊："国君登城了！"郑军士气大振，全部登上城墙，随后便占领了许国。

颍考叔之死，成为胜利的一道阴影。很多人疑心是子都射死了颍考叔，但没有证据。

郑庄公安排众大臣轮流为颍考叔守灵，其中包括子都。

庄公下令，每一百个士兵出一头猪，每二十五个士兵出一只狗和一只鸡，用于巫师在灵前的诅咒，诅咒那个放暗箭的人。

灵前的子都泰然自若。很多女人借吊唁之名来对他放电，使得他电量充足。巫师天天咒，也没把他咒死。

这种诅咒，招来舆论的批评。

君子谓："郑庄公失政刑矣。政以治民，刑以正邪，既无德政，又无威刑，是以及邪。邪而诅之，将何益矣！"（《左传·隐公十一年》）

政不正，生邪恶。以邪治邪，只会更恶。

邪而诅之，恶果往往会落到诅咒之人自己身上。

苌弘在周王室大臣刘文公手下任大夫，"以方术事周王"，主要职责是观测天象、推演历法、占卜凶吉，对周王室的起居出行、祭礼战事等作预测，对自然变迁、天象变化等作预报和解释。据《淮南子》载，此人"天地之气，日月之行，风雨之变，历律之数，无所不通"。

周敬王二年（前518），久慕苌弘之名的孔子来到王城拜访他，请教礼乐问题。

孔子问："武乐与韶乐孰为轩轾？"

苌弘道："武乐为周武王之乐名，韶乐为虞舜之乐名，若以二者之功业论，舜继尧之后治理天下，武王伐纣以救万民，皆功昭日月，无分轩轾。然则就乐论乐，韶乐之声容宏盛，字义尽美；武乐之声容虽美，曲调节器却隐含晦涩，稍逊于韶乐。故尔武乐尽美而不尽善，唯韶乐可称尽善尽美矣！"

孔子称谢。次年，"子在齐闻《韶》，三月不知肉味"。

当时，周王室衰弱得风都能吹倒，诸侯们都不来朝见，敬王只敢关上门跳起脚骂。苌弘决定帮敬王壮壮胆，"乃明鬼神事，设射《狸首》"。《狸首》是上古逸诗篇名，诸侯行射礼时，歌《狸首》为发矢的节度。苌弘搞射《狸首》的仪式，是用《狸首》指代那些不来朝见的诸侯。

这赤裸裸的咒人不得好死的巫术，惹恼了诸侯，他们个个想扒苌弘的皮。

后来，晋国发生范氏和中行氏叛乱事件，苌弘所事刘文公与范氏为世代姻亲，为达到削弱晋国、辅助王室的目的，苌弘暗中为范氏出谋划策。内乱平息后，晋卿赵鞅以此为借口要征讨王室。

周敬王是依靠晋国的支持才登上王位的，压力之下，他为息事宁人，杀了苌弘。

可怜苌弘，忠心耿耿，却做了替死鬼，成就"苌弘化碧"的典故。《庄子·外物》载："人主莫不欲其臣之忠，而忠未必信，故伍员流于江，苌弘死于蜀，藏其血三年而化为碧。"

可叹，曾指点孔子的苌弘，死于"子不语"的"怪力乱神"。

两千多年后的乾隆盛世，怪象在江南出现。叫魂作法控制他人灵魂的流言四起，因涉及割辫，危及清朝统治名分，乾隆认定有谋反嫌疑，下令围剿叫魂案。各级官员战战兢兢，对他们来说，清查叫魂犯已不是保一方平安那么简单，而是对皇帝忠不忠的问题了。

虽然所谓叫魂案实际上子虚乌有，但密告、诬陷依然盛行，人心惶惶，不可终日。

叫魂案的影响扩及华北、川陕。闹了半年，才消停下来。

叫魂案折射出盛世幌子下专制压迫、道德堕落的社会败象。

美国学者孔飞力在《叫魂》一书中，从权力结构上分析了这一荒诞的恐怖事件何以发生："在这个权力对普通民众来说向来稀缺的社会里，以'叫魂'罪名来恶意中伤他人成了普通人的一种突然可得的权力。"孔飞力认为，中国历史上充满了这种幻觉权力进入社会的例子。

从皇帝到平民，人人都有权力迷觉。魂，一直在叫。

11

一

艳情

从欢乐谷到贞节牌坊

司马迁在《史记·殷本纪》里讲过一则有些香艳气的八卦：商纣王喜欢看人裸奔，他曾在一处名为"沙丘"的皇家园林，"使男女裸相逐其间"。

商周时代，结婚风俗未兴，剩男剩女很多，政府急人民之所急，想人民之所想，安排大型相亲 Party。《周礼·媒氏》载："中春之月，令会男女，于是时也，奔者不禁。"在官方召唤下，剩男剩女们齐聚一地，对上眼的，不办结婚手续就可以野合、同居。

政府指定的欢乐谷，解决了很多大龄青年的性需求问题。同居的"奔者"随时可以一拍两散，下一个欢乐谷开放的时节到了，大家又赶去"非诚勿扰"。很多人年年在欢乐谷里 Happy，誓不成家。

这么看来，身背荒淫恶名的商纣王，把皇家园林贡献出来作男女裸奔的欢乐谷，是在做好事。

那是一个秋波自由荡漾的时代。一部《诗经》，几多少儿不宜的情诗。

且看《郑风》里的《褰裳》：

> 子惠思我，褰裳涉溱。子不我思，岂无他人？狂童之狂也且！
>
> 子惠思我，褰裳涉洧。子不我思，岂无他士？狂童之狂也且！

翻译过来就是：

> 你要真想我，
>
> 就卷起裤腿提起衣襟过河来。
>
> 你若不想我，
>
> 难道我就没人爱？
>
> 傻小子呀，真傻冒！
>
> 痴小子呀，真痴呆！

还有《子衿》：

> 青青子衿，悠悠我心。纵我不往，子宁不嗣音？
>
> 青青子佩，悠悠我思。纵我不往，子宁不来？
>
> 挑兮达兮，在城阙兮。一日不见，如三月兮。

意思更直白：

> 青青的是你的衣领，
>
> 悠悠的是我的痴心。
>
> 就算我没去找你，
>
> 你就不能捎封信？
>
> 就算我没去找你，
>
> 你就不能来亲亲？
>
> 可怜我苦苦守望，
>
> 在这高高城楼上。
>
> 一天不见你的面，
>
> 好像已有三月长！

大胆爱的女子很多，比如《王风·大车》中那位："岂不尔思？畏子不奔。"照今天的说法："难道我不想你吗？我想私奔，怕你不敢！"更火辣的在后面："穀则异室，死则同穴。谓予不信，有如皦日。"意思是："活着不能睡一床，死了也要同一房！如果你还不信我，看那天上红太阳！"

这自然，这开放，羞煞多少后世奇女子。

性开放风气还弥漫到朝堂之上。"芈月"的原型——秦宣太后在朝堂上召见来搬救兵的韩国使臣尚靳，谈及秦国出兵的压力时，大大咧咧地说："先王宠幸我的时候，把大腿压在我身上，我觉得很重，支撑不了，但他把整个身子压在我身上时，我却没感觉到有多重，这是为什么呢？因为这样对我来说比较舒服。"（《战国策·韩二》）

两千年后，清朝文人王士祯评论此事："此等淫亵语，出于妇人之口，入于使者之耳，载于国史之笔，皆大奇！"王士祯真是太政治正确了，宣太后公然在朝堂上拿房事打比方，政治平民化，明明是个思想解放的好领导啊。

数十年后，宣太后的玄孙秦始皇嬴政却立起了史上第一座贞节牌坊。

嬴政生母赵姬先与吕不韦私通，后拥超级猛男嫪毐为面首。母亲的淫乱成为嬴政心底挥之不去的阴影，为求解脱，他找到一个"正能量"——"清，寡妇也，能守其业，用财自卫，不见侵犯。"《史记·货殖列传》记载，嬴政"以为贞妇而客之，为筑女怀清台"。

嬴政提倡贞节：女人如果有儿子而改嫁他人，就是背叛死去的丈夫，不守贞操，儿子不能认她做母亲；无论男女，禁止纵欲放荡，男人和别人的妻子通奸，杀死他也没有罪。

汉宣帝效法秦始皇，诏赐贞妇顺女帛；汉安帝也"诏赐贞妇有节义谷十斛，甄表门闾，旌显厥行"。

西汉儒家学者刘向撰《列女传》，鞭挞祸水红颜，表彰贤妃贞妇。

不过，秦汉至唐，总体而言，女性贞节观都较为宽松，并未成为一种意识形态。女性再嫁乃寻常之事，东汉才女蔡文姬就嫁了三次，无人嚼舌头。西晋美男子潘安乘车出游，路边妇女竞相往他车里投水果，潘安"盈车而返"。唐朝妇女穿半裸装骑马郊游，大胆走秀。性话题也非禁忌，南朝刘宋山阴公主大言不惭地向其兄前废帝刘子业说："孤与陛下，男女虽殊，俱托体先帝。陛下六宫万数，而孤惟驸马一人，事太不均。"于是，前废帝大大方方地送给她三十个面首。

至宋代，理学兴，情况起了变化——程颐老先生说"饿死事小，失节事大"，被统治者推而广之。如此一来，夫死守节成了天理，未嫁夫死要尽节，被男子调戏也要寻死。

节妇烈女前赴后继，有清一代，仅安徽休宁一县就有两千多人。节烈事迹特别突出的，皇帝"御赐诗章匾额缎匹"，节妇烈女的名字列入正史和地方志。

贞节牌坊，成为朝廷的图章，顺民的图腾。

不过，贞节牌坊见得多了，大家也用它来骂人。

多年后，贞节牌坊成了文物，而裸奔成了文化，人们嘿嘿一笑。

数风流人物，还看齐鲁

　　鲁桓公十八年（前 694）四月初十，鲁桓公死在齐国，死得很离奇——"薨于车"。

　　舆论哗然。光天化日之下，堂堂一位国君，没得急病，就这么死了。

　　鲁桓公的死，引出一桩齐鲁公室间的偷情丑闻。

　　这桩丑闻，得从鲁桓公的夫人文姜说起。

　　文姜是齐僖公的小女儿，才女一枚。最初，齐僖公想把她嫁给郑国的太子忽，被太子忽辞谢："每个人都有自己合适的配偶，齐国是个大国，我配不上啊。"后来，北戎部落入侵齐国，齐国向郑国求援，太子忽率郑军赴齐，打败北戎。齐僖公又要把文姜许配给他，被他再次辞谢。有人问太子忽缘故，他说："以前没帮齐国忙的时候，我都不敢答应这门婚事。现在奉了君父之命来解救齐国之难，如果娶了妻子回去，就是用郑国军队的牺牲来换取自己的婚姻，郑国百姓会怎么说我？"他决绝地辞别而去。

其实，太子忽的辞婚另有隐情——文姜和她同父异母的哥哥诸儿私通，太子忽很可能听到了风声。这样的事，怎能拿到台面上说？

鲁桓公三年（前709），文姜嫁给鲁桓公。后来，她生下太子同、公子友。

文姜喜欢抛头露面，常坐着马车在曲阜城里到处逛。

鲁桓公出访齐国，文姜要随行。那边厢，诸儿，已经是齐襄公。

鲁国大夫申繻劝阻桓公："女人有夫家，男人有妻室，不可以互相轻慢，这就叫有礼。违反这一点，必然坏事。"话里有话。桓公没听，带文姜去了齐国。

果然坏了事。文姜留宿齐襄公寝宫。

她被鲁桓公大骂，哭啼啼向情哥哥告状。

齐襄公设宴招待妹夫鲁桓公，将他灌醉。宴后，齐襄公派公子彭生抱桓公上车。

桓公死在车中。傻子都知道怎么回事。

鲁国方面向齐襄公提出抗议："我们国君畏惧您的威

严，不敢苟安，来到贵国重修旧好，礼仪完成后却没能回国。此事在诸侯中造成了恶劣影响。我国不知道该归罪于谁，只能请求用彭生来消除影响。"（《左传·桓公十八年》）

齐襄公杀死了彭生。

这出国君情杀国君的宫廷乱伦大戏，成为天下人的笑柄。

鲁国人拥立太子同继位，是为鲁庄公。

文姜没脸回鲁国，落脚在齐鲁之间的禚地。她儿子鲁庄公给她在当地建了馆舍，齐襄公没过多久就跑来和她幽会。这桩风流事传唱进了《诗经·齐风》：

敝笱在梁，其鱼鲂鳏。

齐子归止，其从如云。

敝笱在梁，其鱼鲂鱮。

齐子归止，其从如雨。

敝笱在梁，其鱼唯唯。

齐子归止，其从如水。

而卫国那边，在齐襄公的强迫下，文姜的姐姐宣姜（原卫宣公夫人），改嫁了庶子卫昭伯。

现在，轮到齐襄公娶妻了。周庄王把自己的妹妹王姬嫁给了他。按照周礼，这场婚礼要由诸侯来主持。任务落在了与周王室同为姬姓的鲁庄公身上。鲁庄公为杀父仇人、母亲的奸夫、自己的舅舅齐襄公当了主婚人。

王姬为齐襄公生下女儿哀姜。

鲁庄公继续犯贱，出兵帮齐襄公打仗，直到襄公被弑。

鲁庄公继承了其母的开放作风，开国君对陌生女子一见钟情自由恋爱风气之先：他看上党氏大夫的长女孟任，命人筑了一座高台，高台对面是党氏家，他没事就站在台上看美女。孟任被看得不好意思，拒绝他的骚扰，庄公就许诺要立她为夫人，终获芳心。两人割破手臂，歃血盟誓。

后来，鲁庄公并未兑现自己的承诺。

齐桓公称霸，鲁庄公去抱大腿，要娶表妹哀姜。他公然违反礼制，亲自跑到齐国去行纳聘礼。次年，又访齐，和哀姜"未娶而先淫"，搞了个试婚。庄公对试婚效果很满意，回国后就筹备婚礼，又亲自到齐国迎娶新娘子。

办婚礼时，庄公要官太太们也来贺喜，而且送礼要动真格，得送丝帛。本来，按礼制，结婚贺礼通常是不值钱的红枣、干豆，意思一下就行。这可好，庄公结个婚，趁机捞了一笔。为了营造气氛，庄公任性到底，继续违礼，把宗庙的匾额漆成朱红色，在方椽子上雕刻花纹。看笑话的诸侯，肠子都笑弯了。

哀姜不生育。孟任虽没争上夫人之位，肚子却很争气，给庄公生了公子般。悲哀的哀姜学文姜，发展了一个情人——小叔子庆父。

庄公欲立公子般为太子，哀姜赶紧以媵嫁的叔姜所生公子启方为嗣，和庆父密谋，要让公子启方上位。

太子还没定，公子般惹了事。

鲁庄公三十二年（前662），鲁国举行求雨仪式，祭神前，乐舞队在大夫梁寅家排练。梁寅有个女儿，是公子般的意中人，攀墙看乐舞。墙下，负责养马的圉人荦挑逗她："小姑娘，过来。"公子般看到这一幕，大怒，令人重打圉人荦三百鞭。圉人荦投奔庆父门下。

公子般回宫后将此事告诉了庄公，当父亲的说："你该杀了圉人荦呀。此人一身蛮力，你抽他鞭子，他也想抽你。"公子般满不在乎。

当年，庄公病逝。季友扶立公子般。

国君位子还没坐热，公子般就被人杀死了，凶手正是受了庆父挑唆的圉人荦。

公子启方即位，是为鲁闵公。

齐国大夫仲孙湫断言："不去庆父，鲁难未已。"（《左传·闵公元年》）

果然，不久后，庆父又派人把闵公宰了。

两年之内，先后有两个国君被杀，鲁国人民终于看不下去了，暴动。庆父出奔莒国，哀姜出奔邾国。邾莒两国相邻，见面方便，比两人同奔莒国刺激国际舆论要好一些。

季友扶持年少的公子申即位，是为鲁僖公。

庆父被引渡回鲁，自缢而死。

哀姜本指望娘家人为自己撑腰，结果，因为这桩国际丑闻大丢面子的齐桓公根本不买她的账，引渡她回齐，在路上将其杀死，尸体送归鲁国。富有正义感的孔子先辈们原本恨哀姜，这下反倒同情起她来，认为她既已嫁到鲁国，就应由鲁人处置，齐人杀死她太过分。而且，文姜和哀姜同为弑君从犯，文姜得善终，哀姜却被杀，有些不公平。鲁人以夫人礼将哀姜下葬。

此后，齐鲁公室的偷情传染病，消停了一百多年。

围观群众在等待下一个奇葩。

齐国的公子阳生逃亡到鲁国，把持鲁国朝政的季康子认准这是只潜力股，把妹妹季姬嫁给了他。后来，公子阳生把季姬暂留鲁国，归国即位为齐悼公。他派人赴鲁接妻，不知道季姬已经和亲叔叔季鲂侯搞起了乱伦。季康子知道后，怕被齐悼公修理，一直不敢送妹妹去齐国。齐悼公怒了，派军队占领了鲁国的讙地和阐地，季康子只得将季姬送到齐国。齐悼公见到爱妻后，将占领的鲁国土地通通归还。

数风流人物，还看齐鲁。

哪里有压迫，哪里就有反抗。哪里有风流，哪里就有礼义。

父母"野合"而生的鲁人孔子痛心疾首于"未见好德如好色者也"，苦口婆心教育世人"非礼勿视，非礼勿听，非礼勿言，非礼勿动"。

要是孔子活在今世，看到与上百女性有染并写下数十册性爱日记的贪官们，会说些什么呢？

被强迫的乱伦

一种动物，早晨四条腿，中午两条腿，晚上三条腿；腿最多时最无能。

这是西方文化中著名的斯芬克斯之谜，出自古希腊悲剧《俄狄浦斯王》。

俄狄浦斯给出了答案：人。

在不知情的情况下，俄狄浦斯弑父娶母。

这出悲剧，关乎人与命运的本质冲突，关乎人类由野蛮走向文明的痛苦回忆。俄狄浦斯的话，揭示了人的自我觉醒："当我们等着瞧那最末的日子的时候，不要说一个凡人是幸福的，在他还没有跨过生命的界限，还没有得到痛苦的解脱之前。"

在与古希腊差不多同时期的东周列国，人的自我觉醒，少了一些俄狄浦斯式的负罪悲情，多了一些"士志于道"式的从容和"逍遥游"式的洒脱。人性之罪，则被规束以礼制与刑罚，不易形成"人的哲学"层面的自我超越。

比如乱伦。

按孟子的说法，上古时代，人们"逸居而无教，则近于禽兽"，"圣人有忧之，使契为司徒，教以人伦：父子有亲，君臣有义，夫妇有别，长幼有序，朋友有信"。君臣、父子、兄弟、夫妇、朋友即为五伦。当时所说的乱伦，并不等于后世人们通常认为的近亲性交，弑父、同姓结婚都算。

反倒是近亲性交，在儒教独尊之前并不一定被视为乱伦。尤其在诸侯和卿大夫阶层，除了亲生父母子女、亲堂兄弟姊妹不可通婚以外，近亲性交并不鲜见：娶父亲的小老婆，称为"烝"；娶儿子死后留下的妻子，称为"报"；与旁系近亲性交称为"通"。其中，"烝"与"报"是被当时社会默许的。只是到了汉代之后，儒家认为近亲性交败坏人伦，是为大耻，大多避而不述。

一部《左传》，众多述及乱伦之处。

有一处很特别："初，惠公之即位也少，齐人使昭伯烝于宣姜，不可，强之。"（《左传·闵公二年》）也就是说，强迫乱伦。

宣姜，齐僖公的女儿，齐襄公的妹妹。她曾是卫宣公抢来的夫人。

卫宣公治国还不算差劲，不过他很好色，司马贞《史记索隐》评论其"纵淫嬖"。年轻时，他和父亲卫庄公的姬妾夷姜私通，生了急子，立其为太子。急子成人，宣公为他在齐国娶妻，娶的正是宣姜。这个女人很美，宣公色心大动，在黄河边筑了新台，将她截留于此，自娶之。《诗经·邶风·新台》就是讽刺这事的。诗中，上夺庶母、下纳儿媳的宣公被骂成驼背鸡胸的糟老头。

失宠的夷姜自缢而死。

宣姜为宣公生了公子寿、公子朔。两个儿子成人后，她实施夺嫡计划，和公子朔在宣公面前诬陷急子。宣公听信谗言，要除掉亲生儿子。他派急子持白色旄节出使齐国，暗中指使卫国边境莘地的强盗，看见手拿白色旄节的人就杀掉。

公子寿是个厚道人，和急子兄弟情深，把宣公的计谋告诉了急子，让他逃走。

急子摇头："不听从父亲的命令，不是为子之道。如果世上有没有父亲的国家，我就逃到那里去。"他执意要杀身成孝。

公子寿急了：哪有这么轴的人啊！临行前，公子寿为急子饯行，把他灌醉了。

公子寿也很轴，决定替兄弟去死。他上了急子的车，车上插着太子的旗帜。车行至莘地，强盗把他杀了。

酒醒后的急子赶到，趴在公子寿尸体上大哭一场，对强盗说："他们要杀的是我。他有什么罪？请杀死我吧！"强盗也把他杀了。(《左传·桓公十六年》)

兄弟俩争着送死，为一场荒唐乱伦平添一道肃然之气。

宣公立公子朔为太子。

第二年，宣公死了，太子朔即位，是为卫惠公。

可能是考虑到惠公太年轻，卫国政局不稳，另一个乱伦之君齐襄公为了保全妹妹宣姜，也为了保持齐国对卫国的影响力，让宣姜的庶子卫昭伯娶她，继续生产国君备选人。卫昭伯觉得难堪，不愿意，齐襄公竟强迫他娶。

被强迫的乱伦，已经不是私事，而成为政治公开较量的结果。这与小国被大国蹂躏没有本质的不同。

宣姜为卫昭伯生下三子二女，其中包括使卫国战车从三十辆增至三百辆的中兴之君卫文公。

与异母妹文姜乱伦的齐襄公，则在国内政变中死于非命。

血缘政治，乱于血缘。

这乱哄哄的世间，生生灭灭，唯有一点不变：一种动物，早晨四条腿，中午两条腿，晚上三条腿；腿最多时最无能。

一位贵族的私奔

鲁文公元年（前626）春，周王朝的内史叔服到鲁国参加僖公的葬礼。公孙敖听说叔服会看相，便带了两个儿子谷和难去见他。叔服对他说："谷可以供养您，难可以安葬您。谷的下颌丰满，后代在鲁国必然昌大。"（《左传·文公元年》）

公孙敖是鲁桓公之孙，庆父的儿子，时为鲁卿。当初，他在莒国娶妻戴己，生了谷，戴己的媵嫁妹妹声己生了难。

后来，戴己死了，公孙敖又去莒国行聘礼娶亲。莒国人辞谢了：不是还有个声己吗，她应该成为继室啊。

碰了一鼻子灰的公孙敖给自己找了个台阶，转而提出为堂兄弟襄仲行聘。

鲁文公七年（前620）冬天，徐国攻打莒国，莒国请求鲁国结盟。公孙敖到莒国参加盟会，同时为襄仲迎接莒女。

公孙敖登城，见到将要带回鲁国的莒女己氏，两眼都直了。"美，自为娶之。"

被抢了女人的襄仲大怒，奏请鲁文公，要出兵杀人。文公也看不过眼，准备答应了，叔仲惠伯劝谏："臣闻之，兵作于内为乱，于外为寇，寇犹及人，乱自及也。今臣作乱而君不禁，以启寇仇，若之何？"（《左传·文公七年》）

寇仇往往起于内乱。孟子说："君之视臣如土芥，则臣之视君如寇仇。"当年八国联军杀进京城，一些百姓甘当带路党，为登城洋兵扶梯。

文公明智地让襄仲住手。惠伯当起和事佬，劝说襄仲放弃己氏，公孙敖把她送回莒国，此事到此为止，就当没发生过，两人"复为兄弟如初"。襄仲和公孙敖听从了。

但事情并未结束。第二年秋天，周襄王死了，公孙敖带上一堆礼物，代表鲁国去周都成周吊丧。途中，公孙敖卷款私奔，奔往莒国，奔到己氏身边。

一位堂堂贵族，抛下国、族、家庭和地位，放弃一切，为女神私奔。

背负罪责和骂名，也没发朋友圈说明、澄清、辩白，就这样默默地私奔了。

好色也罢，真性情也罢，由他人说去。

谷被立为孟孙氏的继承人，是为孟文伯。

公孙敖和己氏的神仙日子里，添了两个儿子。私奔风波逐渐被故乡的人们遗忘了。

不过，公孙敖忘不了故乡，他想回去。

孟文伯替父亲找执政的襄仲说情。襄仲说，公孙敖要想回国，必须答应三个条件：不入朝，不参与国政，不携带己氏。也许，夺妻之恨还在襄仲心头盘旋不去。

对一个"不爱江山爱美人"的贵族来说，前两个条件倒无妨，第三条要命。

故乡，美人，要哪个？

公孙敖终于答应了三个条件，归乡。

归乡三年，闭门不出。

一天，他再次私奔，奔往莒国，奔到己氏身边。

人们明白了他内心的煎熬。

孟文伯死了，弟弟难继立为孟孙氏的继承人，是为孟惠叔。

己氏也死了。

公孙敖还要归乡。他让孟惠叔替他请求文公。获准。

归乡之路却那么漫长。公孙敖走到齐国，病倒了，死在异乡。临死前请求归葬于鲁，未获准。时为鲁文公十四年（前613）九月。谥为"穆"，即孟穆伯。"中情见貌曰穆。"

感情是孟穆伯的软肋。这个一生徘徊在爱情与乡情之间的男人，私奔于途，病死于途，永远在途中。

死于归乡途中，为孟穆伯之不幸，亦为大幸。"人生天地间，忽如远行客。"归乡，本质上是回归自我，是人的自由意志对命运必然性的挑战。

归乡，是东西方文化中共有的主题。荷马史诗《奥德赛》中，英雄奥德修斯在海上漂泊十年，毅然离开与女神卡吕普索的神仙日子，战胜种种困难，回到故乡。

孟穆伯的私奔故事，有关爱情，有关乡愁。

重情如孟穆伯，没有比死于归途更好的结局了。

孟穆伯死后第二年，齐国有人给孟惠叔出主意：把公孙敖的棺材放在与鲁国相邻的齐地堂阜，鲁国方面一定会取回的。孟惠叔依计行事，请求文公允许取回孟穆伯之棺。他面容哀伤，久立于朝堂上待命。文公不忍，答应了。

一位私奔者的身体和灵魂终于走完最后一程，归乡，入土。

故事讲到这里，该结束了，只是有必要交代一下：孟惠叔之后，孟文伯之子孟献子继立，他有个后代，名为孟轲，即孟子。

"必有后于鲁国。"叔服的预言，应验了。

神准如叔服，当初一定从孟穆伯脸上看出了他后来的命运。不过，叔服什么也没说。

贵族的私奔，是私事，没什么好说的。不以此取乐嚼舌头，就是对人的尊重，就是贵族之风。

感官世界之外

　　淫乱成性，与多位诸侯、大夫通奸，传说九个男人因她而死，号称"杀三夫一君一子，亡一国两卿"，这是世人津津乐道的夏姬。她的故事，在《左传》和《史记》里留下一抹香艳气。

　　香艳之外，也颇有些"生命中不能承受之轻"的意味。

　　夏姬是郑穆公的美艳女儿，姬姓，因嫁给封地株邑的陈国司马夏御叔为妻，得此名。

　　夏姬的淫乱之名始于其未出嫁时：与庶兄公子蛮私通，不到三年，公子蛮死了。

　　夏姬嫁给夏御叔不到九个月，便生下儿子夏徵舒。孩子十二岁时，正值壮年的夏御叔病亡。

　　寡妇夏姬成了陈灵公与其臣子孔宁、仪行父的公共情人。君臣三人结伴去夏家，甚至在朝堂之上各自贴身穿着夏姬的内衣玩笑一番。

这桩丑闻，全国人民都看不过眼，便有了《诗经》里的《陈风·株林》：

> 胡为乎株林？从夏南！匪适株林，从夏南！
>
> 驾我乘马，说于株野。乘我乘驹，朝食于株！

这首诗是对话体，第一段是老百姓的对话：

路人甲（故作不知）："他们到株邑郊外去干嘛呀？"

路人乙（故作神秘）："去找夏南（即夏徵舒）的吧！"

路人甲（装傻）："不是到株邑郊外去吧？"

路人乙（煞有介事）："只是去找夏南！"

第二段是君臣三人的对话：

陈灵公（眉飞色舞）："嘿嘿，坐着四马大车，去那株邑之野。"

孔宁、仪行父（心领神会）："嗯，坐着四驹轻车，到株野还赶得上吃早饭解饥呢。"

"朝食"一语双关。据闻一多考释，"食"在当时常用作隐语，暗指男女性事。

《毛诗序》论及此诗，语带讥刺："《株林》，刺灵公也。淫乎夏姬，驱驰而往，朝夕不休息焉。"

一句"淫乎夏姬"，为这个女人定了性。

而有人看到了问题的实质。陈国大夫泄冶直谏灵公："君臣淫乱，民何效焉？"

孔宁、仪行父听了灵公的转述，杀了泄冶，灵公没有制止。

陈灵公十五年（前599）的一天，君臣三人又一起到了夏姬家。灵公调侃两个臣子："徵舒长得很像你们啊。"那两位也不示弱："也很像国君您啊。"

听到此话，憋屈已久的夏徵舒怒火爆发，杀掉灵公。

孔宁、仪行父逃到楚国。夏徵舒自立为陈侯。（《史记·陈杞世家》）

此时夏姬的态度如何，史书不着一笔。

关节处，"淫乎夏姬"，每每消隐，仿佛跌入宿命的幽暗。

肉身沉重，红尘颠倒。这是一个女人无法承受的世界。

有时候，一个女人成为整个世界的敌人；有时候，一个女人成为整个世界的宠儿。

夏徵舒弑君，陈国人倒不计较，楚国人却杀来了。楚庄王以讨伐夏徵舒为由，带诸侯之兵攻进陈国，杀掉夏徵舒，准备把陈国灭了，后经劝谏才从晋国接回陈灵公的太子妫午，立为陈君。

夏姬被送到楚庄王面前。庄王两眼放光，欲据为己有。

此时，真正的男一号申公巫臣出场了。

巫臣，芈姓，屈氏（出自楚武王之子屈瑕），多才略。楚军攻打萧国时，他只对庄王说了一句"师人多寒"，庄王随即巡视三军，慰勉士兵，楚军战斗力陡增。

面对色心大起的庄王，巫臣说了一番大道理："不可。君召诸侯，以讨罪也。今纳夏姬，贪其色也。贪色为淫，淫为大罚。《周书》曰：'明德慎罚。'文王所以造周也。明德，务崇之之谓也；慎罚，务去之之谓也。若兴诸侯，以取大罚，非慎之也。君其图之！"

这话政治正确得庄王不好意思反驳，就不要夏姬了。

司马子反也想要夏姬。巫臣对他说："夏姬是个不吉利的女人啊。她使公子蛮早死，害死了夏御叔、夏徵舒、陈灵公，害得孔宁、仪行父逃亡在外，陈国差点被灭。人生在世，实在难呀，如果娶了夏姬，恐怕不得好死吧！天下的漂亮女人多的是，为什么一定要她？"子反也就不要夏姬了。

庄王把夏姬赐给连尹襄老作续弦夫人。

此时夏姬的态度如何，史书不着一笔。

襄老没享几天艳福，战死于邲，尸首流落郑国。

襄老的儿子黑要和夏姬私通。

夏姬的人生，像是走入了彻底的虚无之境。在那里，男女交欢演变为一种渗入了死亡气息的生命仪式，正如日本影片《感官世界》所呈现的。紧紧抓住感官，如抓住救命稻草。没有比这更残酷的了。

而感官世界之外，是另一套生命程式，充斥着混沌与假象。真情是那么难得。

暗地里，巫臣示意夏姬："归！吾聘女（回娘家去，我娶你）。"（《左传·成公二年》）

好一句"归！吾聘女"，抵得上世间所有动听的情话。

不吉利也罢，不得好死也罢，都不在乎了。

明面上，巫臣派人从郑国召唤夏姬："您可以得到襄老尸首，不过一定要亲自来接回。"

这个男人费尽心机下了一盘很大的棋，只为要她，一定要她。

她是世人眼中的荡妇，却是巫臣心中的女神。

她把去郑国接回襄老尸首的事报告楚庄王。被蒙在鼓里的庄王问巫臣的意见。巫臣分析了一番国际形势，称此事靠谱。庄王同意了夏姬赴郑。

动身的时候，夏姬对送行的人说："不得尸，吾不反矣。"（《左传·成公二年》）

这是夏姬唯一被史书引述的话，如一个贞妇所言。史官是在刻意制造一种反讽，还是在暗示这个女人开始努力把握自身的命运？

这里面有种荒诞，关于人生的难，关于罪与罚。

陀思妥耶夫斯基在《罪与罚》中写出了这种荒诞感："拉斯柯尔尼科夫倏地跪下，伏在地板上吻妓女索尼雅的脚。索尼雅吓得连忙避开他，像避开一个疯子一样。他看起来当真像个疯子。她的心突然痛苦地揪紧了。他站起来：'我不是向你膜拜，我是向人类的一切痛苦膜拜。'"

终于有一个男人，伏在夏姬脚下，听她开口说话。

夏姬顺利抵郑。巫臣在楚国等待脱身的机会。

楚共王即位后，将要发动阳桥战役，派巫臣出使齐国。巫臣把家财全部带走。大夫申叔跪碰上巫臣，对旁人说："怪哉！这个人有肩负军事重任的戒惧之心，却又有《桑中》一诗所说的男女幽会的喜悦之色，可能是将要带着别人的妻子私奔吧！"

巫臣去了郑国，与夏姬会合。他派副使带回财礼，就带着夏姬走了，在楚国的宿敌晋国落脚，做了刑地的大夫。

暮年将至，夏姬才得到真正属于她的男人，过上"与子偕老"的生活。于她而言，世界渐渐安静下来。她与世界和解了。

巫臣的世界却不得消停。子反请求楚共王用巨款贿赂晋君，请其对巫臣永不录用。楚共王倒是开明，否决了这一提议，说在夏姬这件事上，巫臣为自己打算是错误的，他向先君进言却是忠诚的。"忠，社稷之固也，所盖多矣。"

夺妻之恨，子反放不下。五年之后，他联合令尹子重灭了巫臣一族。

巫臣在晋国听闻此事后，写了一封信给子反、子重，发誓报仇，"余必使尔罢于奔命以死"。（《左传·成公七年》）

巫臣说到做到。他向晋君献疲楚之计，即联合楚国东南的吴国，夹击楚国。晋君采纳了这一建议，派他出使吴国，晋吴结盟。巫臣向吴国军队传授中原地区先进的战术，还留下儿子在吴国主持外交事务。吴国实力大增，开始不断袭扰楚国。子反和子重"一岁七奔命"。楚军败于鄢陵之战后，子反畏罪自杀。

对此时的夏姬来说，世间的纷扰与争斗，已与她无关。她像其他女人一样，平静地守在自己的男人身边，慢慢老去。

巫臣先她而死。

她和巫臣有一个女儿，后来嫁给了晋国的公族大夫叔向。

叔向成婚之前，他的母亲极力反对这门亲事，理由是夏姬不吉利，其女也必纳之不祥。

叔向最后还是娶了夏姬的女儿，生有一子羊舌食我。这孩子长大后和祁氏联手作乱，使得羊舌氏和祁氏被灭族。

该怎么说呢，这挥之不去的恶名！

慢慢老去的夏姬，应是看轻了恶名以及世间的善恶。在拥有过一个虚无的感官世界，又经历了一段尘世的幸福之后，她真实地感知到自己的存在。

存在，然后归于沉寂。

12

一

八卦

国君们的非正常死亡

　　当国君是高风险行业。寿终正寝，要烧高香。搞得不好，就会贡献又一种离奇的非正常死亡。

　　公元前 609 年春，齐懿公下达出兵鲁国的日期，不久就得了病，医生判断他活不过秋天。鲁文公听说后，幸灾乐祸："希望他不到发兵之日就死！"

　　鲁文公为此特意让卜官占卜。卜楚丘占卜后说："齐懿公不到发兵日期就会死，但不是由于生病；国君也听不到这件事了。"

　　一语成谶。当年二月，鲁文公很不争气地死在了他的诅咒对象前面；五月，齐懿公也死了。

　　齐懿公死在了仇家手上。这些仇家，是他一手制造出来并安排在自己身边的。

懿公做公子的时候，和齐人邴原争夺田地，没有得手，怀恨在心。等他即位时，邴原已经死了，他派人掘了邴原的坟，砍去尸体的双脚，以此泄恨。

出人意料的是，懿公偏偏让邴原的儿子邴歜为他驾车。

懿公夺取了阎职的妻子，又让阎职做他的骖乘。

这不是病态人格是什么？

五月，懿公在申池游玩。陪同而去的邴歜、阎职在池子里洗澡，一语不合，邴歜用马鞭打阎职。阎职发怒。邴歜刺激他："别人夺了你的妻子你都不生气，挨一下打有什么关系？"

阎职回击："与父亲尸体的脚被砍掉而不敢怨恨的人相比呢？"

两人的眼睛里都冒着火。经过密谋，他们合力杀死了懿公，把尸体丢在竹林里。（《史记·齐太公世家》）

病人齐懿公陈尸于野，而病人晋景公陈尸之处，更为不堪。

公元前 581 年春，晋景公梦见一个厉鬼，长发垂地，捶胸跳跃，恶狠狠地对他说："你杀了我的子孙，不义。我请求为子孙复仇，已经得到上天的允许了！"厉鬼毁掉宫门、寝门，走进来。景公害怕，躲进内室，厉鬼又毁掉内室的门。

景公惊醒，召见虢地桑田的巫人。巫人准确地描述了景公的梦境。景公问，这梦预示着什么。巫人毫不避讳："君上吃不到新收的麦子了！"

景公病了。

眼看病情一天天加重，景公派人到秦国请医生。秦桓公派名医医缓赴晋诊治景公。

医缓还没有到达，景公又做了一个梦，梦见自己身上的疾病变成两个小孩，一个说："他是个好医生，恐怕会伤害我们，往哪儿逃好？"另一个说："我们待在肓的上边，膏的下边（古以心尖脂肪为膏，心脏与隔膜之间为肓，膏肓之间是药力不到之处），看他拿我们怎么办？"

医缓来了，把脉之后对景公说："病在肓的上边，膏的下边，灸不能用，针达不到，药力也不及，这病没法治了。"景公叹服"良医也"，赠给医缓丰厚的礼物，让他回去。

病入膏肓的景公坚强地活下去，等到了新麦子出来。

六月初六，景公让人献上新麦子，安排厨师煮麦，并召见桑田巫人。

巫人来了，景公得意扬扬地把煮好的新麦给他看，随后杀了他——谁让他瞎说的！

景公端起一碗新麦正要吃，觉得肚子不舒服，放下碗，去了茅厕。

结果半天不出来。手下人一想，不对，他不便秘啊。赶紧去看，发现景公掉进粪坑里淹死了。（《左传·成公十年》）

有人比晋景公死得更有特色，比如宋闵公，他是被赌博对手用赌具砸死的。

宋国讨伐鲁国，宋将南宫长万被鲁军活捉，被囚几个月后，获释回宋。后来，宋闵公与南宫长万一起打猎，两人争夺猎物，闵公说了气话："你已当过鲁国的俘虏，我不再敬重你。"南宫长万因此怨恨闵公。

南宫长万随闵公出游宋地蒙泽，当众表演了一招杂技绝活：把戟掷到数丈高的空中，以手接之，百无一失。大家都鼓掌叫好。

闵公有点嫉妒，就和南宫长万玩自己擅长的博戏——一种棋盘上的赌博游戏。

南宫长万连输五局，罚酒五斗，醉醺醺的，心中不服，嚷着再来一局。

闵公嘲笑道："你这俘虏，还不认输？"南宫长万憋着火，不说话。

此时，宫人来报周庄王之丧，南宫长万奏请出使王都成周吊丧。

闵公继续消遣他："宋国没人了吗，派个俘虏出使？"宫人皆笑。

南宫长万面红耳赤，大骂："无道昏君！你可知道俘虏也能杀人？！"

闵公也怒了："贼囚，怎敢无礼？！"

南宫长万提起棋盘就往闵公脑袋上砸。闵公倒下，南宫长万挥拳狂打，把他打死了。（《东周列国志》第十七回）

有人比宋闵公死得更有创意，比如秦武王嬴荡，他死在了举重赛场上。

嬴荡身体壮，力气大，好勇斗狠，任用据说曾制服两头野牛的大力士孟说为将。公元前307年，嬴荡二十三岁，率部到了王都成周，去看传说中夏禹王铸九鼎之一龙纹赤鼎。鼎有数百斤重，嬴荡让孟说试举。孟说勉强把鼎举到离地半尺高。嬴荡逞能要当举重冠军，也来举鼎。结果还真举起来了，却没顶住，大鼎脱手，掉下来，砸在右腿上，砸断胫骨，血流不止，当天晚上就死了。（《史记·秦本纪》）

有人死得奇，有人死得惨。

"好细腰"的楚灵王在乾溪度假，听到太子禄被叛乱者杀死的消息，失魂落魄地跌倒车下："人们爱自己的儿子也都如此吗？"侍者冷笑："比您爱得多。"灵王叹气："我杀别人的儿子太多了，报应呀。"

灵王被随从们抛弃，不敢回郢都，孤魂野鬼一般在山中流浪，村民们都不收留他。他路遇一个过去宫里的鋗人（清洁工），可怜兮兮地说："你给我一口饭吃吧，我已经饿了三天了。"鋗人说："新王刚刚下令，有敢给您送饭并与您一起逃亡的，诛灭三族。"灵王腿一软，躺下来，头枕鋗人的大腿，睡了。鋗人抽出腿，拿土块垫在灵王头下，跑了。灵王醒后，饿得坐不起来。

大夫申无宇的儿子申亥因为感念其父两次犯法都被灵王赦免，找到饿昏的灵王，把他背回家，给他饭吃，还让两个女儿侍寝。灵王只是哭。半夜里，哭声没了。两个姑娘向父亲报信，灵王已经自缢而死。

申亥杀了两个女儿，给灵王殉葬。这下，死前良心发现的灵王该是死不瞑目了：寻个死，又害死了两个人。（《史记·楚世家》）

"巫山云雨"的男主角楚怀王死在他乡的云下。秦国出兵楚国，怀王惊恐，派太子横到齐国做人质，拉拢齐国。秦昭王给楚怀王写信，提出和他在楚秦边境的武关会盟。大臣昭睢劝怀王别去，说秦国人是狼子野心。怀王不听，去了。结果一到武关就被劫持，拉到秦都咸阳。秦昭王要挟他割让地盘。怀王大骂，被扣留。太子横被齐人送回楚国，即位为楚顷襄王。秦昭王很生气，再派军队伐楚，夺了十五座城。怀王化悲痛为力量，逃跑了。秦人发觉后，封锁了通往楚国的道路。怀王害怕，抄小路窜至赵国，希望借路回楚。赵惠文王胆小，怕挨秦国揍，不敢收留他。怀王想跑到魏国，却被秦兵追上，押回去，最终死在异国。被秦扣留三年，怀王没有出卖一丝一毫国家利益，宁死不屈，以身报国，激起了楚国人民反抗强秦霸权的斗志。（《史记·楚世家》）

还有比楚怀王惨的。一代霸主齐桓公和搞"胡服骑射"的赵武灵王都是被叛乱者围困宫中，活活饿死的。而齐湣王，是活活疼死的。

公元前284年，燕军攻入齐都临淄，湣王出逃，先到卫国，后至莒国。打着援齐旗号而来的楚国将领淖齿将湣王拿下，抽了他身上的筋，用这筋当绳子，把他悬吊在宗庙的房梁上。湣王哀号不已，肥胖的身躯在自己的筋下扭动，求生不得，求死不能。

虐待狂淖齿站在下面数落湣王："齐国曾经下过血雨，血水淋湿了人的衣裳，你知道吗？"

湣王龇牙咧嘴："不知道。"

"齐国有个地方，大地开裂，直至黄泉，你知道吗？"

"不知道。"

"有不幸的人在宫殿前痛哭，你知道吗？"

"不知道。我疼死了，你问这么多干嘛？"

"下血雨，是上天在警告；地开裂，是大地在警告；殿前哭，是人在警告。你不干好事，天地人都要惩罚你！"

湣王已无力说话，只嗷嗷叫唤，叫了一夜，死了。

（《战国策·齐六》）

这些茫茫人海里如中大奖般出身君王家又成功上位的国君，就这么哀号着，死了。

这真是生得侥幸，死得奇葩。

不爱江山爱老命

据说，曾有人问唐太宗一个问题：要江山还是要美人？唐太宗笑笑，毫不犹豫地回答：两样都要！

所有的王朝故事，本质上都是江山与美人的故事。

爱德华八世不爱江山爱美人，是西方的故事；在中国，江山与美人的故事，又可以归结为江山的故事。

一旦有人不爱江山，文人们便捡了宝一般大书特书。

比如"泰伯之贤"。泰伯是上古周部落首领古公亶父的长子。父亲想传位给三儿子季历，大儿子泰伯和二儿子仲雍就逃到吴地，把首领的位子让给季历。季历的儿子叫姬昌，后来成为周文王。

又如"子臧之节"。曹宣公死后，诸侯和曹国人都认为新立的曹君不义，想要立子臧为曹君，子臧便离开曹国，以成全曹君继续在位。

司马光在《资治通鉴·唐纪》里叹息："向使高祖有文王之明，隐太子有泰伯之贤，太宗有子臧之节，则乱何自而生矣。"意思是，假如唐高祖有周文王舍弃伯邑考而立武王姬发为继承人的明智，假如李建成和李世民都有不争之心，兄弟残杀的玄武门之变又怎会发生？

司马光终究是书生气了。要人家高姿态将皇位拱手相让，好比要美国将加利福尼亚还给墨西哥。不如讲点更实在的理由，比如当帝王太危险，动不动就被人割了脑袋。

正因为怕找不到脑袋，有些人就不爱江山爱老命，比如越国的王位继承人王子搜。因为越人先后三代杀掉了自己的国君，即将即位的王子搜害怕了，逃到丹地的洞穴里。越人追踪足迹到他藏身的山洞外。王子搜死活不出洞，人们想出个苦招——点燃艾草用烟熏洞，把他熏出来了。大家前呼后拥，请他上国君的专车。王子搜拉着登车的绳索，仰天而呼："君乎，君乎，独不可以舍我乎！"《庄子·让王》评论说："王子搜非恶为君也，恶为君之患也。若王子搜者，可谓不以国伤生矣。"王子搜即位后还是想逃离王位，翌年，大大寺区改立无余为越王，干子搜终于躲开了掉脑袋的命运。而无余在位 12 年后，果真掉了脑袋。

也许是怕儿子不得善终，宋宣公病重时，不把君位传给太子与夷，而要传给弟弟和，理由是："父亲死了，儿子继位，哥哥死了，弟弟继位，是天下普遍的道义啊。"和多次谦让，最后才接受，在宣公死后即位，是为宋穆公。

穆公临终时，对大司马孔父嘉说："先君宣公舍弃太子与夷而把君位让给我，我永生不能忘怀。我死后，立与夷为国君。"孔父嘉说："大臣们都希望立您的儿子冯。"穆公说："不要立冯，我绝不能辜负宣公。"与夷即位，是为宋殇公。后被杀。穆公儿子冯即位为宋庄公。

也许，宣公、穆公哥俩下了一盘很大的棋。

后来，宋庄公的儿子宋桓公得了重病，让位的戏码再度上演，不过这次的主角是年轻人。太子兹甫向桓公再三请求："子鱼年长且仁义，君父应该立他为国君。"子鱼是兹甫的异母兄，因是庶子，无缘太子之位。桓公下令子鱼即位，子鱼赶紧跑掉："能够把国家辞让给别人，还有比这更大的仁爱吗？下臣不如他！"

兹甫即位，是为宋襄公。他任命子鱼为执政官左师。

子鱼尽心尽力辅佐襄公，成为一个明智的谏臣：襄公想称霸，他称之为痴心妄想，因为这是小小宋国难以承受之重，会招来灾祸；泓之战，襄公坚持所谓"不鼓不成列"，他直言"君未知战"；襄公在盂地大会诸侯，他建议带部队去，襄公不听，结果被楚人囚禁。

据《公羊传》记载，做了楚人俘虏的襄公托国于子鱼："这个国家，本就是兄长您的。寡人是因为不听您的忠言，才落得这个下场！"

子鱼说："就算君上不这么说，国家也是臣的。"他立即回国加强战备。楚人传话给宋人：不妥协，就杀了你们的国君。同心同德的宋人回应：不好意思，我们有新国君了。楚人要挟不成，放了襄公。

襄公去了卫国，准备在那里度过余生。子鱼把他接回宋国："这个国家，臣是为君上镇守的。"

《公羊传》里的这个故事，唯美得不像是真的，司马迁没有采信，他是明智的。革命不是请客吃饭，当国君不是过家家，不是谁都敢玩的。

楚昭王病重，让自己的大弟子西即位为王，子西坚辞不受，又让给二弟子綦，子綦也不受，再让三弟子闾，子闾接连推辞五次，才答应。昭王死后，子闾说："昭王不要自己的儿子即位，却推让兄弟为王，我当时之所以答应，是为了宽慰昭王。这国君的位子，还是让昭王的儿子来坐吧。"昭王的儿子章被三兄弟拥立为王，是为楚惠王。

后世那些杀出一条血路上位的国君念及此事，也许会长叹：同样是兄弟，差距咋就那么大呢？

吴国的四兄弟，更是让人羡慕嫉妒恨。

吴王寿梦有四个儿子：长子诸樊，次子余祭，三子夷昧，四子季札。季札最贤德，寿梦生前曾想让他继位，但他对国君的位子没兴趣，不干。寿梦只好立了诸樊。

寿梦去世，诸樊服丧期满，要让位给季札。季札搬出"子臧之节"，推辞说："您是合法继承人，谁敢干预您呢？我虽然没什么才能，却愿意追随子臧，不失节操。"潜台词是，当国君，就会节操碎一地。

诸樊坚持要立季札为国君，季札就丢掉家产跑去种田，诸樊一看也就算了，即位为王。

在位 13 年后，诸樊战死沙场，遗命将王位传给次弟余祭，以后依次相传，定要将国家交给季札才罢休，以满足父亲的遗愿。

余祭继位后，将季札分封在延陵。

在位四年，余祭死。三公子夷昧依次当立，他却坚持让位于季扎，并说季扎访问徐、鲁、郑、卫、晋诸国时，各国的君主和大臣没有一个不佩服的。

季札到晋国，见过赵文子、韩宣子、魏献子后说："晋国政权将要落到这三家手里。"他在鲁国听乐工奏乐,听完《秦风》后说:"这就叫作华夏之声,秦国这个国家必定会日益强大,大到极点,就像鼎盛时的周王朝一样。"预言神准。季札人缘也超好:至齐,与相国晏婴交了朋友;抵郑,与执政卿子产交换衣带作为纪念。

季札在徐国的一件事更为他加分:和徐君相见时,徐君羡慕地看着他随身佩戴的宝剑。季札很想送给对方,可因为还要访问别国,不能没有防身之器,只好作罢。等到季札完成使命,再过徐境时,徐君已经死了。季札到徐君坟上祭奠,临走时解下宝剑,挂在坟前的树上。随从问:"徐君已经死了,还送宝剑干什么?"季札答:"贵在心交,我的心里早已答应送给他,怎能因为人死了就失去信义?"

贤名远扬的季札,铁了心不当国君,任夷昧磨破嘴皮,就是不当。夷昧只好自己当。

在位 17 年的夷昧临终前,重申父兄之命,要季札接替王位。季扎再度拒绝,跑到延陵乡下。农妇,山泉,有点田。当国君,哪有这样的福利?

群臣立夷昧的嫡长子为王,是为吴王僚。

在位 13 年,吴王僚被诸樊之子阖闾的刺客专诸用鱼肠剑刺死。阖闾即位,18 年后,死于战场,传位其子夫差,就是那个后来败于勾践的亡国之君。

夫差即位时，季札还活得好好的，而且活到九十二岁。

"延陵季子之仁心，慕义无穷，见微而知清浊。呜呼，又何其闳览博物君子也！"司马迁在《史记·吴太伯世家》中如是评价季札。

其实一句就够了：不爱江山爱老命，真君子也。

在朝廷小便

鲁襄公十五年（前558），郑国一些人叛乱。失败后，叛乱分子堵女父、司臣、尉翩、司齐跑到了宋国。

郑宋相邻，同为夹在晋楚两个超级大国之间的中等国家，不过世人对它们的评价截然不同：郑昭宋聋。郑国有子产、子皮这样的出色政治家，政治相对开明，虽"朝晋暮楚"，尚得自保；而宋人以商民遗风自许，施政缺乏长远眼光，怒而兴师，见赂眼开，吃了不少亏。郑宋两国早就结下了梁子，郑国的叛乱者逃亡，大多去了宋国，反正那边有好吃好喝伺候着。

郑国为了赎回叛乱分子，送给宋国一百六十四马，外加两位盲人乐师师伐、师慧。后来，贵族公孙黑也作为人质去了宋国。

宋国司城子罕认为司臣有才能，放走了他，而把堵女父、尉翩、司齐交还郑国。郑国人把这三个人剁成了肉酱。

一天，师慧经过宋国朝廷，旁若无人，掀开下裳，要小便。

扶他的人大惊，连忙劝阻："这里是朝廷！"

师慧大大咧咧地说："没有人啊。"

"这是朝廷啊，怎么会没人？"

"一定没有人。如果朝中还有人，怎么会拿可以做千乘之国国相的人交换演唱淫乐的瞎子？这一定是朝中没人了！"

子罕听说了这件事，向宋平公进言，请他将师慧送回了郑国。（《左传·襄公十五年》）

一个有智慧的瞎子，演一出小品，冲宋国当政者撒了一泡尿——郑国用马和盲乐师就换回了叛乱者，除去心腹之患，而贪利的宋人却失掉了挟制郑国的筹码。这笔交易，谁得利，谁失算，一望便知。宋国朝廷，岂非无人？

子罕还算是个明白人。继续扣留这个以激将法自保的盲乐师，会让宋国坐实朝廷无人的骂名，不如将其放回。

放眼古今，无人之朝廷，岂独宋国？

无人之朝廷，就该尿上一泡，是为小便政治。

小便政治发展到极点，一泡尿，就能断送一个国君的性命。

鲁定公二年（前508）的一天，在鲁国的附庸小国邾国，邾庄公和大夫夷射姑一起喝酒。酒喝得差不多了，夷射姑出去小便。守门人趁机向他讨肉吃。夷射姑已有醉意，又尿急，夺过守门人的棍子，敲打了对方几下。

第二年二月二十九日，邾庄公站在门楼上，欣赏下面庭院的春色。他看见守门人正用瓶装水洒在庭院里，地上全湿了。他很生气，喝令住手。

守门人对他说："在庭院里洒水，是因为夷射姑曾在这里小便，要去去味儿。"

小人报仇，一年不晚。

有洁癖的邾庄公大为光火，派人把夷射姑抓起来。

下人回禀：没有抓到。邾庄公气疯了，一下子从床上跳下来，却不小心摔倒在床前的火炉里，炭火烧在身上，惨叫。因皮肉溃烂，没多久就死了，用五辆车、五个人陪葬。

讲完这个狗血故事，《左传·定公三年》少见地评论了一句"庄公卞急（急躁）而好洁"，才落得这个下场。

卞急，好洁，为政之大忌。

治小国如烹大鲜，邾庄公死得不冤，他早该撒泡尿照照自己。

朝堂上的暴力外交

曹沫是个肌肉男，鲁庄公拜他为将。他率部和齐国军队作战，多次战败逃跑，回来继续当将军。

公元前 681 年，鲁庄公主动提出割让遂邑给齐国换取和平的建议。齐桓公答应和鲁庄公在柯地会见，订立盟约。

两位国君盟誓后，一个人影窜上盟坛。没等齐桓公回过神来，曹沫已将一把匕首架在了他的脖子上。

桓公的侍卫都不敢轻举妄动。桓公哆哆嗦嗦："您打算干什么？"

曹沫目露凶光："齐国强大，老欺负弱小的鲁国，动不动就侵占我们的土地。如今，鲁国都城的城墙一倒塌就会压到齐国的边境。您得考虑考虑这个问题。"

齐桓公一咬牙，答应归还鲁国被齐国侵占的全部土地。

曹沫扔下匕首，走下盟坛，回到面北的臣子之位，面不改色，谈吐如常。

齐桓公被侍卫们围在中间，找回了胆，气呼呼的，准备赖账。齐相管仲劝他："不能因贪图小利而在诸侯面前丧失信用，失去天下人的支持。"

齐桓公兑现了承诺，曹沫因多次打败仗而丢失的土地全部回归了鲁国。（《史记·刺客列传》）

虽然指挥打群架不行，硬汉曹沫却发挥单挑的优势，漂亮地扳回一城，开朝堂暴力外交风气之先。

接下来，轮到以"完璧归赵"闻名的蔺相如粉墨登场。

公元前279年，秦昭王、赵惠文王会于渑池。此前，一直被强秦攻城略地的赵国，刚刚用巨大代价遏止了秦军的攻势。秦昭王为了集中力量攻击楚国，才提议与赵惠文王会面讲和。

宴席上，秦昭王喝了点酒就鼓噪："寡人听说赵王爱好音乐，请您鼓瑟吧！"

赵惠文王不敢得罪强秦，鼓起瑟来。此君业余时间经常玩音乐，瑟鼓得很动听，秦昭王拍掌大笑："好啊！来人，记下来，某年某月某日，秦王与赵王会饮，令赵王鼓瑟。"秦国的史官马上就记录了。

随赵惠文王来到渑池的蔺相如拿一只缶，阴着脸走到秦昭王跟前："寡君听说秦王擅长秦地土乐，让我给您捧上缶，您也露一手，娱乐大家嘛。"

秦昭王拉下脸，不吱声。气氛骤然紧张。

蔺相如走近一步，递上缶，请秦昭王演奏。

秦昭王黑了脸，不肯击缶。

蔺相如正色道："大王如不肯击缶，五步之内，相如请得以颈血溅大王矣！"

举座皆惊。秦昭王的侍从们想要上前拿下蔺相如，却被他瞪一双牛眼怒喝一声，吓得纷纷后退。

秦昭王一看这阵势，犯怵了，勉强击了几下缶。

蔺相如回头招呼赵国史官记下："某年某月某日，秦王为赵王敲缶。"

秦昭王的随行大臣们开始挑事："请你们用赵国的十五座城向秦昭王献礼。"

蔺相如以牙还牙："请你们用秦国的咸阳向赵惠文王献礼。"

直到散席，秦国一点便宜也没占到。（《史记·廉颇蔺相如列传》）

秦王嬴政时代，魏国策士唐雎玩得更高级——对谈间句句见血，镇服对手。

赢政派人对安陵君说："我打算用方圆五百里的土地交换安陵，您一定要答应我！"

安陵是魏国封地，方圆五十里，巴掌大一块地方。赢政来这么一出亏本买卖，傻子都能看出他居心不良。

安陵君回答赢政："大王施以恩惠，用大地盘交换我们小地盘，实在是做善事。不过，我从先王那里接受了封地，愿意始终守卫它，不敢交换！"

赢政很不高兴。安陵君派遣唐雎出使秦国，缓和一下关系。

赢政接见唐雎："我用方圆五百里的土地交换安陵，这条件够优厚了吧，安陵君为什么不同意？况且秦国灭了韩国、魏国，而安陵这方圆五十里的弹丸小国能够幸存下来，就是因为我把安陵君看作忠厚的长者，没想过打他的主意。现在我用十倍于安陵的土地，让安陵君扩大自己的领土，他却不领情，这不是看不起我吗？"

唐雎摇头道："并非如此。安陵君从先王那里继承了封地，决心守护它，即使是方圆千里的土地也不敢交换，何况您才给五百里的土地呢。"

随后，这场交锋进入高潮：

秦王怫然怒，谓唐雎曰："公亦尝闻天子之怒乎？"唐雎对曰："臣未尝闻也。"秦王曰："天子之怒，伏尸百万，流血千里。"唐雎曰："大王尝闻布衣之怒乎？"秦王曰："布衣之怒，亦免冠徒跣，以头抢地耳。"唐雎曰："此庸夫之怒也，非士之怒也。夫专诸之刺王僚也，彗星袭月；聂政之刺韩傀也，白虹贯日；要离之刺庆忌也，仓鹰击于殿上。此三子者，皆布衣之士也，怀怒未发，休祲降于天，与臣而将四矣。若士必怒，伏尸二人，流血五步，天下缟素，今日是也。"挺剑而起。

秦王色挠，长跪而谢之曰："先生坐！何至于此！寡人谕矣：夫韩、魏灭亡，而安陵以五十里之地存者，徒以有先生也。"（《战国策·魏四》）

唐雎有一颗大心脏，在这场意志和气势的较量中，终以"伏尸二人，流血五步"的"士之怒"胜出。

当然，怒要怒得有理，有据，有节。否则，就是灾祸。比如，义和团运动时的围使馆，杀教民，"杀一洋人赏五十两，洋妇四十两，洋孩三十两"，等等。

乐迷们

鲁国人孺悲拜见孔子，孔子以生病为由，让他吃了闭门羹。孺悲转身要走，却听到屋里传来快活的声音："来呀，取我的瑟来，我给你们来个拿手曲目。"孔子鼓瑟而歌，孺悲含悲离开。（《论语·阳货》）

子曰："兴于诗，立于礼，成于乐。"讲礼乐，怎能不玩音乐？一部《论语》，老先生乐声荡漾。

陈蔡之困，七天不能生火做饭，野菜汤里见不到一粒米，孔门一行人快饿死了，老先生还在屋里弹琴唱歌。率直的子路看不下去了，对老师表示不满："君子亦有穷乎？"孔子回答："君子固穷，小人穷斯滥矣。"（《论语·卫灵公》）意思是君子在不得志的时候也能安贫乐道，弹琴励志，而小人遇上这种情况，就不是弹琴而是偷琴了。孔子说完，继续弹唱。子路红了脸，拿出盾牌为他伴舞。

作为资深乐迷，孔子既有"在齐闻《韶》，三月不知肉味"的快意，也有借乐浇愁的无奈。他周游列国，没捞上一官半职，"累累若丧家之狗"，心情郁闷，敲磬发泄。有个背着草筐的人路过他门口，听到磬声，说道："可鄙呀，这个敲磬人，敲得这么凄怆。没人赏识，做好自己就行了。水深就蹚水过河，水浅就提起衣襟过河。"孔子听见，无言以对。（《论语·宪问》）

君莫笑，乐迷就是这么任性，从圣人到国君。

赵烈侯对相国公仲连说："寡人有喜爱的人，能让他尊贵起来吗？"公仲连说："使他富有还可以，让他尊贵就难办了。"烈侯说："郑国的流行歌星枪和石是我偶像，赐他们田地，每人一万亩，这事你去办。"公仲连答应了，但并没有办。

过了一个月，烈侯问起给歌手赐田之事，公仲连说："正在找田地，还没找到合适的。"过了几天，烈侯又问，公仲连称病不上朝。

有个叫番吾君的人拜见公仲连："您任相国已有四年，推荐过人才吗？"公仲连摇头。番吾君说："牛畜、荀欣、徐越，都可以推荐啊。"公仲连的病马上就好了，带着这三个人上朝，向烈侯荐举。

烈侯不耐烦地问公仲连："歌手的田地怎么样了？"公仲连说："正派人挑选最好的田。"他使个眼色，牛畜就开始给烈侯讲仁义。

第二天，荀欣讲用贤。

第三天，徐越讲勤俭。

烈侯招架不住这车轮战，对公仲连说："给歌手赐田的事就算了吧。"他任命牛畜为师，荀欣为中尉，徐越为内史，赐给公仲连衣服两套。（《史记·赵世家》）

幸好有人指点，这位追星族才找回了智商。

相比之下，魏文侯更可爱一点。他问孔子的学生子夏："我穿着正装恭恭敬敬地听古乐，听睡着了，听郑卫之音却听得很爽，这是为什么呢？"子夏说："听靡靡之音，您当然觉得爽啦。像郑音、卫音、宋音、齐音，都是靡靡之音，容易让人耽于女色，丧失志气，道德低下，听不得啊。而古乐呢，庄严肃穆，每个音符都是道德，对您施德政有好处。"（《礼记·乐记》）

礼崩乐坏，似乎就坏在了魏文侯这样的人身上。

头可断，血可流，规矩不能丢

子路是孔子一个很特别的弟子。《史记·仲尼弟子列传》载："子路性鄙，好勇力，志伉直，冠雄鸡，佩豭豚，陵暴孔子。孔子设礼稍诱子路，子路后儒服，委质，因门人请为弟子。"头戴雄鸡似的帽子，佩戴公猪皮装饰的宝剑，好勇斗狠，像个黑社会混混，是最初"陵暴孔子"时的子路形象。对于这么个粗人，孔子用礼乐那一套慢慢把他引上路。子路成了老师忠心耿耿的贴身侍卫。

后来，子路当了卫国大夫孔悝的家臣，在卫国内乱中被围攻，身受重伤，冠缨被敌手挥戈击落。他掷剑大呼："君子死，冠不免。"子路系好冠缨，被砍成肉酱。（《左传·哀公十五年》）

头可断，血可流，规矩不能丢。

孔门另一高徒曾参，"吾日三省吾身"的那位，死得也很规矩。弥留之际，他有一桩心事未了，最后那口气便咽不下去——身下垫着一张名贵的席子，他觉得自己一个平民百姓，用这么好的东西不合礼，下黄泉见到孔子，会被批评，就叫弟子们换成一张破旧的席子。弟子们很听话，赶紧扶他起来，换席子。正换着，曾参满意地去了。（《礼记·檀弓上》）

守规矩，巾帼岂可让须眉！

伯姬是鲁宣公之女，宋共公娶为夫人。不过，过门时共公没按礼节亲自迎娶，伯姬气得要当逃跑新娘，后来拗不过父母，还是嫁过去了。仍在气头上的伯姬拒绝与共公共寝。共公束手无策，厚起脸皮把家丑说给鲁国正卿季文子听，请他出马摆平。在季文子的苦劝下，伯姬终于从了共公。

婚后十年，共公死了，伯姬开始守寡，一守就是五六十年。后来的一天晚上，宫中失火，宫人欲救年迈的伯姬出宫，她却不肯走："妇人之义，保傅（保母、傅母的合称，保母是负责抚养贵族子女的妇女，傅母是负责辅导、保育贵族子女的老年妇人）不俱，夜不下堂，待保傅来也。"宫人快急死了："这都什么时候了，您老还讲这套，赶快逃命要紧啊。"伯姬不听，非要等保傅来。

后来，保母来了，傅母没来，宫人再请伯姬出宫避火。伯姬重申："妇人之义，傅母不至，夜不可下堂，越义求生，不如守义而死。"任宫人苦劝，不肯出宫，终被烧死。

伯姬坚守礼义自我牺牲的事迹，"诸侯闻之，莫不悼痛"。他们相聚于卫国澶渊，"偿宋之所丧"。(《列女传·贞顺》)

伯姬配得上一副挽联：生的光荣，死的讲究。

另一个讲究人是贞姜，楚昭王的夫人。昭王带夫人出游，自己先回，留她在长江边的渐台多玩几天。昭王走时和贞姜约定：派人来接她时，来人会持信符。不几日，长江发大水，昭王赶紧差人去接贞姜，可是忘了给信符。贞姜不见信符，不愿跟来人走："王与宫人约，令召宫人必以符。今使者不持符，妾不敢从使者行。"

来人赶紧劝："江水马上就上来了，如果回去取符，肯定来不及。"

贞姜毫不动摇："妾闻之：贞女之义不犯约，勇者不畏死，守一节而已。妾知从使者必生，留必死。然弃约越义而求生，不若留而死耳。"

来人奔回国都去拿信符。等到持符再来，因江水大涨，

渐台崩塌，贞姜已溺死。昭王哀之，将守信而死的夫人谥为"贞"。(《列女传·贞顺》)

《庄子·盗跖》也讲了个类似的故事："尾生与女子期于梁下，女子不来，水至不去，抱梁柱而死。"

台湾诗人洛夫喜爱这个故事，写下《葬我于雪》：

> 紧抱桥墩
>
> 我在千寻之下等你
>
> 水来
>
> 我在水中等你
>
> 火来
>
> 我在灰烬中等你

一声"等你"，升华了一个千寻之下的时代。

后记

　　小时候看小人书，印象颇深的是一套《东周列国故事》，包括"烽火戏诸侯""唇亡齿寒""伍子胥过昭关""将相和"等，看得津津有味。不过，时不时也会犯嘀咕：怎么那时候的人好像都有点不太正常？

　　比如《卧薪尝胆》，其中写到越王勾践战败后去服侍吴王夫差，在夫差生病时亲口尝其粪便，并告诉对方，根据粪便的颜色和味道，君上没什么大碍。记得当时我抑制不住的恶心——这是什么人啊！而在《勾践称霸》里，勾践打败夫差后，范蠡隐退，文种被杀，让我恨不得把连环画上的勾践全涂成大花脸。

　　我九岁的女儿比我当年干脆。她听了手机音频版成语故事"卧薪尝胆"后，对勾践毫不客气："这人有病！"

我笑了。时代变迁，而历史始终在那儿，一代又一代人都可以倾听它的声音，并对它发声。

历史是回音壁，经常和我们互动。它观照我们的生活，介入我们的经验，给我们提供精神上的更多维度、更多可能性和某种补偿。我们塑造它，它也塑造我们。

我常常想，作为一个无可救药的个人主义者，如果我生在两千多年前的那个时代，会成为"逍遥于天地之间而心意自得"的隐者吗？

念及此，那个时代的人物便鲜活起来，仿佛就在身边，闲扯八卦，举杯共饮。

那段两千多年前的历史，本就在我们的举手投足、心思意念间。我们沿袭祖先的习俗，我们领会祖先的思想，我们承受祖先的苦痛。只是，山高水远，风雨如晦，我们在漫漫长路中，尘土满面，心神散乱，丢失了自己。

不妨稍歇脚步，举头望月。"今人不见古时月，今月曾经照古人。古人今人若流水，共看明月皆如此。"明月清辉，我们得以照见来时的路，照见自己的心。

感谢陈卓兄，他的慧眼识珠让本书终得面世，他的专业意见和精心编辑为本书增色不少。

感谢曾经帮助本书出版的罗人智、何客、李卉、隋聃等编辑朋友。

感谢读者。一本书，最终是由作者和读者共同完成的。且让我们一起穿越到两千多年前那个最酷的中国，各耍其酷，各得其乐吧。

2022 年 6 月 21 日

图书在版编目(CIP)数据

春秋战国心灵史 / 刘青松著. — 南京：南京大学
出版社，2022.11
　ISBN 978 - 7 - 305 - 25921 - 0

　Ⅰ.①春… Ⅱ.①刘… Ⅲ.①历史人物—人物研究—
中国—春秋战国时代 Ⅳ.①K820.25

　中国版本图书馆 CIP 数据核字(2022)第 125498 号

出版发行　南京大学出版社
社　　　址　南京市汉口路 22 号　邮　编　210093
出 版 人　金鑫荣

书　　　名　**春秋战国心灵史**
著　　　者　刘青松
责任编辑　陈　卓
书籍设计　周伟伟
印　　　刷　南京爱德印刷有限公司
开　　　本　787×1092　1/32　印张 12.5　字数 210 千
版　　　次　2022 年 11 月第 1 版　2022 年 11 月第 1 次印刷
ISBN 978 - 7 - 305 - 25921 - 0
定　　　价　59.00 元

电子邮箱　Press@NjupCo.com
网　　　址　http://www.njupco.com
官方微博　http://weibo.com/njupco
官方微信　njupress
销售热线　025 - 83594756